阅读成就思想……

Read to Achieve

心理成长系列

# 如何让你的努力获得更好的回报

## 激励的惊人力量

[澳] 杰森·墨菲（Jason Murphy）◎著　褚莎莎◎译

**INCENTIVOLOGY**

The Forces That Explain
Tremendous Success
and Spectacular Failure

中国人民大学出版社
·北京·

图书在版编目（CIP）数据

如何让你的努力获得更好的回报：激励的惊人力量／（澳）杰森·墨菲（Jason Murphy）著；褚莎莎译. --北京：中国人民大学出版社，2023.3
书名原文：Incentivology: The Forces That Explain Tremendous Success and Spectacular Failure
ISBN 978-7-300-31431-0

Ⅰ. ①如… Ⅱ. ①杰… ②褚… Ⅲ. ①激励－管理心理学 Ⅳ. ①C936-05

中国国家版本馆CIP数据核字（2023）第016248号

如何让你的努力获得更好的回报：激励的惊人力量
［澳］杰森·墨菲（Jason Murphy）　著
褚莎莎　译
Ruhe Rang Ni de Nuli Huode Genghao de Huibao：Jili de Jingren Liliang

| 出版发行 | 中国人民大学出版社 | | |
|---|---|---|---|
| 社　　址 | 北京中关村大街31号 | 邮政编码 | 100080 |
| 电　　话 | 010-62511242（总编室） | 010-62511770（质管部） | |
| | 010-82501766（邮购部） | 010-62514148（门市部） | |
| | 010-62515195（发行公司） | 010-62515275（盗版举报） | |
| 网　　址 | http：//www.crup.com.cn | | |
| 经　　销 | 新华书店 | | |
| 印　　刷 | 天津中印联印务有限公司 | | |
| 规　　格 | 170mm×230mm　16开本 | 版　次 | 2023年3月第1版 |
| 印　　张 | 12.5　插页1 | 印　次 | 2023年3月第1次印刷 |
| 字　　数 | 155 000 | 定　价 | 59.00元 |

版权所有　　侵权必究　　印装差错　　负责调换

# 序　言

让我带你回到过去的某个时光。

那是20世纪80年代，我还是一个小男孩，站在广阔的草地上。突然，一个物体从空中飞来，差一点就击中我，我吓得不知所措了。

我父亲正在教我接球，我很享受这个过程。而这正在挑战生活带给我的限制——大部分时间我都待在家里，都在读书。

我的身体不协调，更糟糕的是，我害怕球。我能接到球的次数屈指可数，更多时候我会躲开。球从我的手上、胳膊上、身体上弹开，落在我家附近公园的草地上。

在一个小男孩看来，这个公园似乎大得惊人。它的一端是一块板球场地，另一端是一片草地。这里有一个操场、一条小路和一个裸露的岩石悬崖（后来我才知道这个公园曾经是一个采石场）。公园附近的一个旧砖厂刚刚被拆除，现在那里扬起的灰尘来自正在建设的豪华住宅的工地。

我急忙捡起球，把它扔回给父亲。他捡起球，轻轻地抛给我。我尽我最大的努力捡起球，再把它扔回去。

然后我看到父亲绷紧了他的身体。他把背向后弯，这样他的脸就能望向蓝天，然后他把手臂向后拉，接着手臂向上弹起，球被投了出去。那个球越来越高，直到它看起来很小。当我听到父亲的声音时，我目瞪口呆地站在草地上。

"如果你接住它，我就给你一美元！"

\*\*\*

我们将暂时停留在这一幕：球停在抛物线的最顶端，父亲和儿子定格在充满紧张和期待的场景中。我在运动方面的自尊心就像薛定谔的猫一样，生死未卜。我保证稍后会继续讲这个故事，先让我们确保我们对激励的看法一致。

\*\*\*

奖励和惩罚是不同的。它们就像功夫片中两个性格迥异的角色，即使两个人看对方不顺眼，也必须搭档行事。随着时间的推移，他们会发现他们的共同之处：他们拥有一种让事情发生的神奇力量。

让我们来认识一下这两个神奇的角色。首先是奖励，我们将通过一个保护自然栖息地的例子来了解它。

2016年，一个名为大自然保护协会（The Nature Conservancy）的组织设立了15万美元的奖金，用来奖励那些能够帮助他们解决保护海洋生物这一重大环境问题的人。太平洋上的渔船会从海底深处捕捞各类物种，特别是某些种类的金枪鱼已被非法过度捕捞，所以必须监测捕捞数量。但我们如何能确定哪些水生生物被捕捞上船了呢？

一些渔船装有摄像机，用来记录捕获的东西。但问题的关键是，谁会看这些视频呢？付钱给海洋专家，请他们观察捕捞情况是一个选择，但成本会增加。一个小时的捕捞视频，专家必须花费30分钟以上的时间对捕捞上来的东西进行分类。太平洋上有成千上万艘渔船，而且它们捕一次鱼要用好几个星期的时间，这使得观看捕捞视频像是跑马拉松。这些视频的长度甚至超过了《致命捕捞》（*Deadliest Catch*）[①]，却比《致命捕捞》少了一些戏剧性。采用类似于面部识别的

---

[①] 《致命捕捞》是美国的探索频道（Discovery Channel）推出的一部纪录片。——译者注

软件对捕获的鱼进行分类可能是技术上的一个巨大飞跃。

不过，机器学习算法真的能够节省时间和金钱并且拯救海洋生物吗？大自然保护协会请人工智能专家帮忙寻找这个问题的答案。对捕获的鱼进行分类的比赛是由一家名为 Kaggle 的公司组织的。这家公司由澳大利亚企业家安东尼·高德布卢姆（Anthony Goldbloom）于 2010 年创立，通过提供奖金的方式来激励人们解决机器学习方面的问题。

奖金的力量是巨大的。大自然保护协会收到了大量的参赛申请，确切地说是 2293 份申请，其中不乏一些顶尖人才。最终，一个由三名机器学习专业人士组成的团队获胜，他们拥有物体分类方面的专业知识。该团队提供了一个复杂的深度神经网络解决方案，他们的算法不仅可以对在白天捕获的鱼进行分类，而且可以对那些只能在夜视摄像机才能看到的鱼进行分类。

现金奖励是 Kaggle 公司举办的比赛中最吸引人的部分。不过，这次比赛的奖金不是他们使用过的最大的诱饵。2017 年，Kaggle 公司将 100 万美元奖励给了那些想要开发出一种更好地估算房屋价值的算法的程序员。一家名为 Zillow 的大型房地产网站是赞助商，它对 Kaggle 公司的比赛的结果充满信心。Zillow 公司开始提供购买某些房屋的服务，因为它相信这种算法能够判断房屋的真实价值。它愿意一次性投入大笔资金来获得长期回报。在潜在的巨额现金奖励面前，人们愿意无偿投入时间去获得更好的结果。

但人们关注 Kaggle 公司并不完全是因为资金，该公司还为那些可能错过现金奖励的参赛者提供金牌、银牌和铜牌，并发布排行榜，对参赛者进行排名。排名靠前的个人和团队会获得社会的认可。社会奖赏是激励中一个微妙而强大的部分，一般情况下都是如此，不仅仅是在 Kaggle 公司。

奖励当然包括各种正式的荣誉和奖赏，例如头衔、奖金、奖章、肩章，但非正式的身份标志也很重要，例如有多少人参加了你举办的聚会。现在，人们还关注其他一些指标，例如社交媒体的粉丝数量、Instagram 的点赞量以及文章和视频的点击量等。任何能够用来提高社会声望的方法都可以用作激励手段，这就是为什么社交媒体已经成为一个不断推出各种新奇奖励的巨大的激励引擎。

本书中的第二个主角是一个非常不受欢迎的角色。如果奖励是好警察，那么惩罚就是坏警察。惩罚会带来痛苦。

罚款、牢狱之灾、被大声呵斥以及在公开场合被羞辱……惩罚以另一种不同的方式来发挥作用。即使你建立了一个包含惩罚的激励体系，你也会希望永远都不要用到惩罚，仅仅威胁就很有威慑力了。

《德国啤酒纯度法》（German Beer Purity Law）就是一个关于惩罚的好例子。这部法律由巴伐利亚公爵威廉四世于1516年颁布，规定只能用水、大麦和啤酒花（后来又加入了酵母）来酿造啤酒。人们一直对颁布这部法律的原因有争议：是为了保证啤酒的纯度，还是为了留出小麦供面包师使用？它也一直是众多法律挑战的主题，但至今它仍然有效。

是什么使这部法律一直有效？啤酒制造商为什么会遵守？答案是惩罚。最早版本的啤酒纯净法规定，如果制造商的配方偏离了官方配方，那么它们的啤酒桶就会被没收，这将是毫不留情的。当它们意识到可能会失去产品和收入来源时，它们不得不重视这部法律。

《德国啤酒纯度法》可被视为食品安全法的一个例子。类似的还有澳大利亚现行的食品安全法。这部法律规定，餐馆如果不遵守相关法规就会被关闭。在一些州，违规者将被公开点名批评，其错误做法将被在网上公布。惩罚的威胁足以确保当地的食品安全标准非常高（至少在短期内减少了传染病暴发的可能，但从长期来看，生活方式类疾病就是另一回事了）。

Kaggle公司为保护海洋鱼类提供了帮助；食品安全法保证了啤酒的纯度，也许还挽救了无数人的生命……这些都是通过实施有效的激励措施获得的成功。

与此同时，对激励措施的错误使用也造成了很多灾难，这在金融领域最为明显。在澳大利亚出现过的令人震惊的例子是，销售人员即使销售了永远无法赔付的保险，或者对人们的收入和支出进行错误的分类而使人们获得了有风险的巨额贷款也不会受到任何惩罚，反而会得到奖励。在美国，类似的激励措施不仅产生了无法偿还的贷款，而且加速了整个金融体系的崩溃，这就是众所周知的全球金融危机。

在所有这些（无论是好的还是坏的）场景中，人们都在按照特定的激励方式行事，以获得奖励或避免惩罚。在这个过程中，尽管会有一些负面的结果，但这传递了一个积极的信息：激励会促使事情发生。这对任何对现状不满的人而言都是个好消息。如果我们能关注激励的惊人力量，我们就能控制它影响人们的方式，从而做出改变。

***

英国哲学家杰里米·边沁（Jeremy Bentham）曾写道："大自然将人类置于痛苦和快乐这两位至高无上的主人的统治之下。"他在18世纪就做出了这一论断，直到很久以后，神经科学家才通过深入研究人类大脑证明了这一论断的正确性。

痛苦和快乐来自人类大脑的系统，这一个系统驱使我们追逐奖赏，躲避惩罚。我们的大脑因受到一些刺激而保持着活力，这些刺激可以帮助我们做出一些维持生命的选择，例如不把手伸进火里或吃有营养的食物等。激励机制利用了这些系统。人为的奖励或惩罚可能是被有意设计出来的，也可能是偶然出现的，但它们通过创造原本并不存在的快乐和痛苦，自然地驱动着我们的行为。

激励不仅仅需要奖励或惩罚。本书经常使用的是"激励机制"这个术语。激励机制涉及规定何时提供激励的规则，以及监督规则是否被遵守的人。激励机制并不总是简单的，它们可能包括不止一种奖励，可能奖惩相结合。激励机制可能是由政府、企业或我们将在后续章节中看到的、完全偶然的因素创造出来的。

竞争和法律是最常见的激励方式，但有些激励方式，特别是那些偶然出现的

### 如何让你的努力获得更好的回报：激励的惊人力量
Incentivology: The Forces That Explain Tremendous Success and Spectacular Failure

激励方式伪装得特别好，它们可以改变我们的行为，而我们从未真正意识到它们的存在。

隐性因素会影响人类行为。最近，这一观点在助推理论中重新得到了人们的重视。该理论认为，一些微小而出人意料的心理干预措施能够改变人们的行为，如在道路上画上"Z"形线条来让人们减速，或者告诉纳税人，90%的人都会按时交税，以鼓励他们按时交税。助推与激励不同，它只是对世界呈现方式的微小调整。

助推理论的实践者们喜欢谈论"选择架构"，即决策的呈现方式。例如，如果你让人们默认成为器官捐献者，并且给他们不捐献的选择，那么你最终得到的器官捐献者的数量要比你假设人们不愿成为器官捐献者，并且给他们成为捐献者的选择时多得多。人们最终的选择都是一样的：要么成为器官捐献者，要么不成为。这没有明显的压力，但助推理论会暗示器官捐献是一种社会规范，也取决于我们付出的努力。这足以改变人们的行为。事实证明，我们的行为更容易受到外部因素的影响，而我们可能没有意识到。

助推理论尤其受到政府的推崇。助推理论学者就像考古学家一样，深入现实世界，挖掘之前被忽视的微观层面的动机。他们发现，很多行为现象并不是一成不变的。人们的一些行为，如开车太快、不按时交税、不注册成为器官捐献者等，都会受到这些微小的隐性因素的影响。激励机制也是如此，它们涉及的范围更广，而且可能很难被识别，但它们并不是微小的。一旦我们意识到它们发挥作用的方式，我们就会想清楚很多事情。当然，很多令人震惊的激励难题都来自典型问题，如给对方太多回旋余地的合同。但一些有趣的见解来自我们认识到，激励措施远比我们想的多得多。

***

我们都有想要做出的改变和实现的目标，可能是减重几千克，可能是解决工作中的问题，可能是不让全球继续变暖——是的，这些都是老生常谈的话题。如果能正确使用激励措施，那些看似僵化的行为模式可能就会发生松动。当然，找到正确的激励方式并不容易，集中力量进行激励也并非小事一桩。确保激励不被居心叵测的人利用是一项永无休止又徒劳无功的任务，可能随时会让你感觉到沮丧。但是激励可以让事情发生——在我们自己身上、在家里、在工作中，甚至在整个世界中。了解激励出现问题的方式有助于我们从他人的错误中吸取教训。

下面这句话并非出自著名哲学家之口，而是出自一位名叫贾伊·迪亚尼（Jai Dhyani）的博主，他同时也是一名软件工程师。他说："几乎没有人天生就是邪恶的，几乎没有一件事情开始就是好的。"我对激励了解得越多，就越觉得这句话是对的。这本书将人类的行为都归入一个令人意想不到的领域。每次都有可能把那样做的人当作替罪羊，每次背后都有激励因素。我经常注意到，天真的人和有权势的人有一个共同之处，即无视束缚着其他人的限制。而他们的不同之处在于他们对世界运作方式的理解。我认为我们应该天真地思考，愤世嫉俗地行动。天真意味着永远不要放弃我们可以改变世界的想法；而愤世嫉俗地行动意味着你要知道，实现你的目标不能寄希望于他人。行动取决于激励方式。我们越能熟练地运用奖励和惩罚，就越有能力把那些"天真"的想法变成现实。

# 目录

## 第一部分 激励理论

### 第 1 章 激励的力量 / 003

激励与人类智慧 / 006

保持谦虚 / 009

让球在空中停一会儿 / 010

### 第 2 章 不当激励：一种不同寻常的倾向 / 011

人类智慧与激励机制的失败"共舞" / 011

激励的副作用 / 013

古德哈特定律 / 015

### 第 3 章 无意识激励 / 017

Instagram 的故事 / 020

### 第 4 章 被忽视的激励 / 024

两个玛丽的故事 / 024

地狱之船——海王星号 / 026

激励如何发挥作用 / 030

## 第 5 章　关于激励的脑科学研究 / 032

远程控制 / 033

多巴胺与合作 / 035

喜欢和想要 / 043

先天的、后天的还是受到激励的 / 044

# 第二部分　生活中的激励学

## 第 6 章　比一块面包还要便宜的面包机 / 053

价格是我们永远的伙伴 / 055

价格机制的副作用 / 057

激励有时会影响一些人 / 064

## 第 7 章　疯狂的交易和疯狂的奢侈品 / 066

价格激励的深远影响 / 066

奢侈品的难题 / 070

令人疑惑的信号 / 072

炫耀性消费 / 073

奢侈品创造了需求 / 075

价格机制的漏洞 / 076

## 第 8 章　适者生存 / 078

游戏的吸引力 / 079

# 目 录

游戏的迭代与激励设计　　/ 080
激励走向何处　/ 086
激励机制的演变　/ 087
选美比赛中的第二名　/ 090

## 第 9 章　自我激励　/ 100

加密货币的财富源泉　/ 103
比特币分叉　/ 105
狗狗币等加密货币　/ 106

## 第 10 章　腐败和堕落　/ 109

科学之进步，一步一坟墓　/ 110
X 射线视力胡萝卜和其他夸张之词　/ 111
门口的野蛮人　/ 115
这是一条通往顶端的漫长道路　/ 118
期刊的力量　/ 120
面临风险的巨额资金　/ 122
收拾你自己的烂摊子　/ 124

## 第 11 章　公平　/ 126

通缉告示带给我们的教训　/ 127
赏金对司法体系的影响　/ 129
可能不可靠的法医　/ 132
从激励的角度重新审视权力　/ 136

## 第 12 章　不公正、躲避和反抗　/ 138

反对残酷和不公平地使用权力可以推动正义　/ 139

被偏袒、轻率的决定和腐败所困扰　/ 141

凯利的一家　/ 143

Stringybark 谋杀案　/ 144

警惕腐败，让激励机制为我们服务　/ 146

"你说你想要一个……"　/ 153

一个全新的开始　/ 154

## 第 13 章　气候变化　/ 156

污染和气候变化　/ 157

气候科学的不稳定性　/ 161

我们需要的激励机制　/ 162

交易游戏　/ 166

风险　/ 169

如果激励机制起作用了呢　/ 170

## 第 14 章　埃莉诺·奥斯特罗姆的贡献　/ 173

平民的胜利　/ 175

游戏包括元游戏　/ 177

菜园和灌溉　/ 179

使徒门外的每个周四　/ 180

## 后　记　停在空中的那个球　/ 183

# 第一部分

# 激励理论

INCENTIVOLOGY

The Forces That Explain
Tremendous Success
and Spectacular Failure

# 第 1 章

# 激励的力量

伟大的意大利天文学家伽利略毕生都在研究一种方法,来帮助船长在很难辨别方向的广阔海域航行时准确地确定自己的位置。但这是一个连他也无法完全解决的问题。

问题出在经度上。在 17 和 18 世纪,船只可以确定它们的纬度(即它们到赤道的距离)——它们只需要在中午看看太阳的位置,但经度是个谜。最好的方法是估算你的速度,然后在地图上标出你的位置。依靠这种方法意味着陆地常常在一片黑暗中突然出现,所以沉船事故很常见。

伽利略尝试使用了一种望远镜,熟悉他的人一定不会感到震惊。人们把镜片固定在头盔上,戴好头盔后只需要观测木星卫星的轨道就行了。

历史上没有记载伽利略是否登上过船,但航海爱好者很快就发现,站在颠簸的甲板上、用头盔上的镜片来观察木星的卫星是很难做到的。虽然这种方法在理论上是可行的,但人们需要一种更实际的解决方案。

1714 年,英国政府颁布了《经度法案》( Longitude Act ),试图解决这个问题。《经度法案》的内容非常简单:谁能找到计算出经度的方法,就给谁现金奖励;如果你能在 1 度以内确定经度,并在横渡大西洋的旅行中证明这一点,你就有资格获得 10 000 英镑(大约相当于现在的 300 万美元);如果你能把船的纵向位置测算得更精确,你就能获得两倍的奖金。这引发了一场激烈的竞争,英格兰的知识精英们都想拿到这笔奖金。

最终,一个21岁、名叫约翰·哈里森(John Harrison)的年轻人拿到了奖金。他在37岁时测试了他的第一台原型机(遗憾的是,测试在去往里斯本的航行中失败了)。后来又有了更多的原型机,最终在他68岁时,他的机器第一次成功地用于了航行。由于人们对机器的精准性以及这是否只是运气问题产生了争议,因此他只拿到了部分奖金。哈里森的重要贡献在于依靠精确计时来确定经度,而当时的挑战在于,要设计出一种在远洋航行中用于计时的机械计时器。多亏了这笔奖金,木匠和钟表匠哈里森毕生致力于解决这一挑战。人们将他的装置称为航海天文钟。

詹姆斯·库克(James Cook)船长曾在南太平洋航行时带着航海天文钟,并对它赞不绝口。到了19世纪,离开英国的船只都会带着这个装置。虽然沉船事故还在发生,但数量越来越少,而且几乎没有什么船只会因为撞击到突然出现的陆地而沉没。哈里森在80岁时直接向国王申诉后才获得了剩余的奖金。

奖金的力量是强大的。尽管我们可能无法确定是否能获得回报,或者可能在未来很长时间内才能获得回报,但随着时间的推移,激励会帮助人们克服疑虑,并使事情发生。为结果附加一笔奖金,可以使这个结果比原本更快地成为现实。《经度法案》的经验不是秘密,从那以后,其提供的奖金催生了多项技术创新,并开创了一段让人引以为傲的改变世界的历史。

1927年5月的一个晚上,一个人抵达了巴黎。当然,几个世纪以来,很多人都来到了巴黎,但从未有人像他这样,从美国直接乘坐飞机来到巴黎。这名男子是25岁的飞行员查尔斯·林德伯格(Charles Lindbergh),他独自从纽约起飞,在30个小时的航程中,他经历了大雾和恶劣的天气。晚上10点刚过,他的小飞机在巴黎着陆,而飞机的油箱几乎空了。他走下飞机时受到了人们的热烈欢迎。在冲向他的人群中,有一位名叫雷蒙德·奥泰格(Raymond Orteig)的酒店老板。七年前,他曾为第一个从纽约飞往巴黎的航班设置了2.5万美元的奖金。

在这七年的时间里，飞机飞得越来越远，到了 1926 年，飞行员们开始相信这种持久的飞行是可能实现的。1927 年，林德伯格在恶劣的条件下起飞，并在空中飞行了足够长的时间，使梦想成了现实。当他将 2.5 万美元的奖金收入囊中时，世界发生了变化——洲际航空旅行的时代开始了。这种利用激励手段来变革交通的传统至今仍以 Go Fly Prize 大赛的形式延续。在波音公司的赞助下，该赛事为第一个制造出安静、轻便、可载人飞行 32 千米的个人飞行装置的团队提供 200 万美元的奖金。来自世界各地的参赛团队聚在一起，为他们的参赛作品努力工作。这些团队提交了各种各样的原型，有的装置像一辆有 16 个螺旋桨的摩托车，有的装置像有一或两个螺旋桨的指挥台。有一天我们可以穿着它们飞来飞去吗？充分发挥激励的力量，说不定有一天这真的能实现。

激励不仅可以在技术前沿领域发挥作用，而且可以在最需要更好结果的其他领域催生令人难以置信的改变，例如给年轻人创造更美好生活的机会。

美国华盛顿的中学处境非常不利。在 2007 年的一次测试中，根据美国的国家标准，只有 8% 的学生的数学成绩达标。因此，从 2008 年到 2010 年，华盛顿教育部门在 34 所处境不利的学校中开展了一个实验项目：学生们只要正常出勤，就会获得完成任务的奖励，虽然我们大多数人都认为上学是他们最基本的任务。学生们可以通过按时签到或做事符合标准等方式拿到钱，平均约为每两周 44 美元。

这个项目持续了两年，效果很明显：学生们的成绩提高了，行为也有了一定的改善。在州数学测试（它比前面提到的国家数学测试宽松得多）中，获得奖励的学生的熟练程度为 48.6%，而没有获得奖励的学生的熟练程度为 41.6%。在教育方面，这些成果是显而易见的。这种激励有助于改变成绩，甚至可能改变人生。大学毕业生可能会把他们的学术成果归功于他们从这个项目中获得的进步。

值得一问的是，我们应该更多地使用这些激励措施吗？我们应该一有机会就使用它们吗？在某种程度上，这是一种欺骗吗？

如果使用激励使我们觉得自己做错了，我们可能就会放慢脚步。英国海军本可以将沉船事故视为航行的代价，华盛顿的教育部门本可以将学生成绩不好视为一个无法解决的问题，但他们都决定努力争取好的结果。

这是我所知道的关于激励的永恒真理之一：如果你想让事情发生，你就要利用激励的力量。深入研究激励使我们更有可能理解和掌控它们。

细致的研究能够让我们发现一些模式。当这些模式重复出现时，我们就可以进行概括性的观察。当我们把这些观察结果整合在一起时，我们就可以将其称为理论。

我对好的理论充满热情，而这种热情是我从查理·芒格身上学到的。芒格是投资界的传奇人物，而在心理学方面，他是自学成才。他一开始在杂货店工作，后来成了亿万富翁。他在其名为《人类错判心理学》(The Psychology of Human Misjudgment)的演讲中说：

> 我一直喜欢理论，因为它能帮助我解决谜题，满足我像猴子一样的好奇心。在某种程度上，我发现理论结构拥有一种超能力，它可以帮助一个人得到他想要的东西。

理论赋予我们理解力：明白一个单一的例子如何融入一个整体。理论不仅帮助我们理解我们已经看到的东西，而且帮助我们将它们看得更清楚。理论就像过滤器一样，在我们观察现实世界时，帮助我们把信号从噪音中分离出来。

当你遇到激励时，你希望能够识别出它们，知道它们来自哪里、如何发挥作用以及为何会失效。如果没有一个有效的理论支撑，想做到这些就会困难得多。

## 激励与人类智慧

人类是地球上最聪明的动物之一。这是一种很谦虚的说法，最接近我们的竞争对手可能是猿、猪或海豚。然而几个世纪以来，我们在搞清楚什么是什么方面却没什么可拿得出手。

人类虽然在漫长的进化过程中积累了一些错误的知识，但还是发展出了一些优势。第一个优势是，我们会沟通。我们不一定要独自解决问题，只要我们当中的一个人找到了解决问题的方法，并且他有能力把这个方法告诉其他人，我们就会相信他说的。第二个优势是科学过程，用实验和数据进行假设检验对我们帮助很大，它用燃烧极其缓慢却十分炽热的火焰彻底清除了错误信仰的荆棘丛。

然而，科学过程并没有在所有领域都取得重大进展。激励是一个抽象的概念，科学在抽象领域（大多数人文学科）的应用远远落后于物理领域（大多数自然科学学科）。这主要有以下几个原因：

- 在抽象领域中很容易犯错；
- 在实验室条件下很难测试抽象概念；
- 与物理工具不同，我们无法知道抽象的概念何时停止作用；
- 当我们有物理工具时，抽象的东西可能会被遗忘和扭曲。

什么是好的抽象概念？它不只是你头脑中的一个概念，还应该是我头脑中的一个概念，它应该是每个人都能理解的。这种能够被传播的概念的力量是非常强大的。人们解决经度问题所得到的奖励是具体的，但受到的激励是抽象的（这是我支持"并不是所有人都要获得医学或工学学位"这一观点的原因，如果有人能让抽象人类知识之火一直燃烧下去，那就太好了）。

抽象的概念和理论照亮了这个原本可能会被一系列荒谬事件笼罩的世界。但是在抽象领域中，科学取得的进展相对较少。而在科学尚未涉足的领域中，在我们尚未找到答案的领域中，我们的好奇心就开始发挥作用了。

这可并不是什么好事。

解决问题的人通常依赖的是丹尼尔·卡尼曼（Daniel Kahneman）教授在其

## 如何让你的努力获得更好的回报：激励的惊人力量
Incentivology: The Forces That Explain Tremendous Success and Spectacular Failure

《思考，快与慢》(*Thinking, Fast and Slow*)一书中描述的"快思考"技能。恕我冒昧地提炼一下，卡尼曼教授的意思可能是我们思考得太快了，以至于常常会失去目标。

在试图解释某件事时，人类的大脑可以非常迅速地运转并形成一个理由。通常，这个理由是非常直接和吸引人的，而且很容易被接受。然而，直接和吸引人的理由往往都是错误的。

人类常犯的一个错误被称为基本归因错误。基本归因错误是指我们倾向于将内部动机，而不是外部动机，作为解释某人为什么做某事的原因。这是我们无法识别动机的一个重要原因——当我们寻找一个人为什么做某件事的解释时，我们关注的是这个人的内在，而不是他所处的环境。

基本归因错误很常见。如果你看到有人像疯子一样开车，你很可能会说"真没有规矩"，而不是"这太危险了，要注意安全"；如果你知道你的一个朋友住在农村，你可能会认为他可能喜欢开阔的空间，而不会想到是高房价迫使他离开城市；如果有人不接你的电话，你可能会认为他是故意不接的，而不会意识到他正在医院探望朋友；等等。

基本归因错误理论认为，我们会假设人们做出某些行为归因于他们的性格，而不是他们所面临的激励。这就解释了为什么当有人成功时，我们会认为他们很聪明，而当有人失败时，我们会认为他们不够努力。我们很少停下来思考那些可能解释所发生之事的外部因素。

关于这个现象有这样一项研究：研究人员向一群参与者展示了一篇文章，并让他们猜测文章的作者是否真的相信文中所说的内容。实际上，这是要求他们猜测作者的"真实态度"。大多数参与者都表示，他们认为作者支持文章中提出的观点。

但研究人员没有预料到接下来会发生什么。他们告诉下一组参与者，文章的作者曾被要求对这一观点进行论证。他们再次询问参与者，这篇文章是否反映了作者的"真实态度"。参与者依然认为作者支持文章中提出的观点。

即使他们被明确告知外部因素起了作用，参与者也还是选择将他们看到的归因于内部因素。

基本归因错误一直都是人们争论的焦点：它在不同文化中的稳定性如何？当我们无法充分解释人类个体的某些行为时，我们真的能称这些行为是错误的吗？但这些争论并没有动摇到它的核心观点。

当我们意识到某种偏见时，我们可以着手纠正它，这样就为新理论的诞生创造了空间。了解基本归因错误是理解激励重要性的第一步。

## 保持谦虚

这本书旨在对激励机制做一些解释。但在我们进行深入研究之前，我们还是要先弄清楚它是用来解释什么的。

每个可以被观察到的现象的背后都会有另一个现象，而且通常还不止一个。例如，要解释电视的工作原理，你就需要解释无线电波的魔力。你可以谈谈阴极射线管的发明、远程控制以及等离子、液晶和LED屏幕的奥秘；你可以谈谈广播系统的经济性以及免费广播和广播电台的同时发展；你还可以谈谈人类对讲故事的热爱，以及电视节目是如何借鉴戏剧和电影的丰富历史的。

任何你能说出的现象的背后都有各种可能的解释，而每一种解释本身都可能引发另外很多种解释。但是，如果你追溯这些线索至很久之前，它们可能就会无穷无尽。它们将与人类知识的极限发生冲突，或者只是回到宇宙大爆炸理论。

在解释某些现象时，解释的可能性空间在最初的几个步骤中会呈指数级增长，但最终会回到我们主要的已知和未知。当我们用诱因来解释人类行为的时候，我们只是抓住了其中一条线索。有100万种方法可以解释地球上任何可被观察到的现象，激励机制只是其中之一。

对以激励为核心的解释和其他解释的相对力量保持谦虚是很重要的。这本书并不主张将激励机制作为对所有事物唯一的、全能的解释。如果你正在考虑创建一种基于激励机制的爱情理论、音乐理论或舞蹈理论，那么我会建议你在继续你的研究之前进行深呼吸，因为激励只是一个工具，一个作用极其重要的工具，并不是一个信仰体系。

## 让球在空中停一会儿

你应该还记得，我们刚才让球停留在了半空中，现在让我们继续。

当球被地心引力吸引而下落时，我正全力跑过草地。我把身体移动到我预计球会落地的地方。球在一点一点地往下落，我压抑着我的恐惧。我强迫自己睁大眼睛，让自己不退缩。当球接近我的时候，它飞得很快。我伸出双手，令人惊讶的是，球猛地落在了我的手里。它跳来跳去，但我把它紧紧地抱在胸前。我抓住球了！

我实在太高兴了。我的父亲看起来也很高兴，很自豪。在回家的路上，我一直紧紧地抱着球。当我们回到家后，父亲把这个故事讲给了我的母亲听。当他毫不吝啬地强调球飞得有多高时，我笑得好开心。他说："去我床头柜那儿拿一美元来。"当我拿到这一美元时，它好像在我手上燃烧起来。我觉得这一美元比我做家务挣来的零用钱更令我激动。

我一辈子都会记得这一幕，那一天也会永远留在我的脑海里。你可能会从中学到一些东西，例如把恐惧放在一边，去实现那些你认为自己无法实现的目标。但对我来说，最重要的是我了解了激励的力量，它能让原本不会发生的事情发生。

## 第 2 章

# 不当激励：一种不同寻常的倾向

我们已经知道了什么是激励，以及激励的力量是巨大的。不过，这种可怕的能量不像激光那样聚焦在目标上，它会外溢。奥泰格从纽约飞到巴黎获得了奖金，这促使很多渴望飞行的人付出了生命的代价，激励往往会产生意想不到的后果。

我们常会听到"不当激励"这个词语，现在让我们来解释一下它。例如，某个方案原本是要达到某个目的，而实际上却达到了相反的目的！这种反转让我们觉得很好笑。我听过这样一个故事：古生物学家会给那些发现了恐龙骨骼碎片的农民支付报酬，而且是按件支付。所以，当人们发现了一块大骨头时，他们会把它打碎成更小的碎片，从而破坏了对古生物学家来说非常宝贵的巨大发现。

这样的故事一直在流传，因为谈论这种带有讽刺性的反转似乎成了我们的乐趣，但试图证实它们可能是一件令人头疼的事情。很多故事似乎都是传闻，因人们的口耳相传而存在。关于不当激励的好故事一般讲述的都是强权者在其妄图控制世界的疯狂计划中失败了。

## 人类智慧与激励机制的失败"共舞"

为了看到一个可怕但真实的不当激励起作用的例子，我要带你回到当时被称为法属印度支那的地方。

## 如何让你的努力获得更好的回报：激励的惊人力量
Incentivology: The Forces That Explain Tremendous Success and Spectacular Failure

1890年，越南河内出现了鼠灾。虽然这种哺乳动物在河内很常见，但法国人却让它们变成了灾难。作为向东南亚传播"文明"的使命的一部分（当然还有进入有价值的市场），法国人开始在城市地下修建下水道。这些下水道连接着每一幢大厦，并将排泄物引走。这种工程不仅会为人类造福，而且对老鼠来说也是个好事。在臭气熏天的地道里，它们以前所未有的速度繁衍后代。一场鼠灾袭击了河内，重灾区就位于法国人居住的区域，那里到处都是胆大的棕色老鼠。

20世纪初，细菌理论占据了主导地位，推翻了"疾病是通过空气或蒸汽传播"的观点。19世纪在城市人口中肆虐的霍乱、斑疹伤寒和黄热病都有了一个解释，而法国人走在了发展这种理论的前沿。在河内出现了数例黑死病病例后，人们更加关注关于老鼠的问题。

法国人希望老鼠赶紧消失，至少在他们居住的区域消失。于是，他们雇用越南工人来捕鼠，这些工人每捕杀一只老鼠就可以拿到0.02美元。历史资料显示，这种激励机制很有效。1902年5月的第一个星期，每天都有约1000只老鼠死亡。为了避免老鼠尸体堆积过多，法国人只要求工人们提供老鼠的尾巴作为证据。到5月中旬，每天上交的老鼠尾巴的数量增加至4000多条。这些工人的捕鼠技巧越来越高超，到了5月底，法国人每天需要为15 000条老鼠尾巴付钱，但这对下水道里老鼠的数量并没有什么影响。在这一点上，法国人开始怀疑他们的激励机制是否过于好了，于是每条老鼠尾巴的赏金减少了1/4。

这个故事的细节是杰出的历史学家迈克尔·范恩（Michael Vann）告诉我们的。他获得了进入越南国家档案馆的所有必要许可，并查阅了法国人留下的极其详尽的记录。范恩教授忍受着"下水道历史学家"的讽刺声，甚至被档案馆里的一只老鼠咬了一口。但幸运的是，他坚持了下来。

范恩教授在档案中找到的文件显示，法国人收集到了大量的老鼠尾巴。捕鼠者声称他们正在捕杀所有的老鼠，包括那些没有长到成年大小的老鼠。法国人花钱买各种老鼠尾巴，但他们怀疑这些尾巴里混进了田鼠或其他动物的尾巴。此外，随着老鼠尾巴的数量不断增加，官员们开始怀疑是否有人为了拿到赏金而在河内周边的村庄捕鼠并带回尾巴。

当一名法国官员在河内市中心视察时，他无意中发现了他本不应该看到的东西——一个老鼠养殖场，这最终证实了这种激励机制被利用了。旨在减少河内老鼠数量的激励机制反而鼓励了大量繁殖老鼠。

1902年底，法国人废除了这一灾难性的激励机制，老鼠养殖场失去了存在的理由。我们不清楚人们对那些养殖的老鼠到底做了什么，但我们很容易想到当笼子的门被打开时，老鼠就会跑出去。1903年，管理者们最担心的事情发生了，河内发生了鼠疫。

这个故事充分地说明了人类智慧与激励机制"共舞"最终可能以灾难告终。故事中的法国人自认为通过建造下水道就可以建立起一个有效且现代化的系统来解决问题，但与此同时，他们也为新问题（即老鼠和疾病）埋下了隐患。每当我们创建了一种新制度、新机制时，也可能会为一些意想不到的事情埋下伏笔。

## 激励的副作用

我们可以想象法国人犯的错误已经被完全消除了，正如我们已经消灭了瘟疫、天花和小儿麻痹症一样。但在我们丰富的现代生活中，驱动荒谬和适得其反行为的激励机制依然无处不在。Bird计划就是一个很好的例子。

Bird是一个电动滑板车共享计划。这个共享计划投放了很多电动滑板车，这些滑板车与你看到的孩子们骑的那些没什么不同，只不过它是由一个大电池供电的。或许当你读到这篇文章时，电动滑板车已经在城市生活中很普及了，你很难想象没有它时是什么样子，或者它已经走上了平衡车的老路。但在撰写本文时，它们的未来尚不明朗。为了找到下一家像优步（Uber）一样的公司，美国很多风

# 如何让你的努力获得更好的回报：激励的惊人力量
Incentivology: The Forces That Explain Tremendous Success and Spectacular Failure

险投资家正在致力于在交通运输业获得较好的市场份额。他们把钱投给那些相信电动滑板车将是下一个大热门的企业。他们认为，如果能够建立一个足够大的电动滑板车共享网络，那么这个行业就会占据主导地位。但共享滑板车行业存在一个问题：与乘坐有司机的车不同，滑板车容易被遗忘在目的地，没有人给它们充电或保护它们不被破坏。而且一旦电池耗尽，电动滑板车就没电了，就需要有人过去为它们接上电源。

为了解决这个问题，Bird 付钱让人们在晚上回收滑板车，并把它们带回自己家，插上电源充电，然后在早上把它们重新停放在街上。回收一辆滑板车并为其充电可以赚 5 美元。所以，Bird 在给滑板车充电方面没有遇到什么困难，人们似乎很愿意通过这样做来赚点钱。有些被停放在主要街道上的滑板车很容易被找到，但有些被停放在某些地方（如黑暗的小巷或某些私人区域等）的滑板车却很难被找到。显然，回收它们并拿到 5 美元是不值得的。随着时间的推移，越来越多的滑板车被停放在了一些陌生和人们难以到达的地方，这就意味着可供使用的滑板车越来越少。

所以，Bird 有一套制度：如果一辆滑板车被遗弃了几天，显然它很难被找到，所以回收它的费用就会增加，回收它的人可以赚 20 美元，而不是 5 美元。那你知道如何滥用这一制度吗？答案就是把滑板车藏起来，把它放在别人找不到，但你可以随时找到的地方。一旦回收费用增加了，你就可以马上找到它，并插上插头充电。旨在保持滑板车流通的激励措施反而产生了使它们退出流通的不良效果，这是一个关于不当激励的典型案例。法国人希望街上少一些老鼠，可老鼠越来越多；Bird 计划希望街上有更多的电动滑板车，可滑板车越来越少。

有一些激励措施能够激励人们实现他们的目标，还有一些激励措施会产生意想不到的副作用，如直接削弱自身力量的激励措施，也就是说，意想不到的副作用会让人们与预期目标背道而驰。

## 古德哈特定律

不当激励是一个普遍原则的例子：试图控制失败的倾向。对经济学家来说，著名的古德哈特定律（Goodhart's Law）很好地解释了这一点。英国经济学家查尔斯·古德哈特（Charles Goodhart）很关注货币政策（即中央银行为控制经济增长、通货膨胀和货币供应而采取的一系列行动）。在数据中，各种指标之间的关系都很清楚，例如当一个指标上升时，另一个指标就会下降，等等。让古德哈特皱眉头的是，政府一旦掌握了驱动货币政策的控制权，这些政策立刻就会变得摇摆不定。

古德哈特认为，一旦以控制为目的对这些指标施加影响，任何可观察到的统计规律性就都会失效。人们把这一研究结果命名为古德哈特定律。

另一位著名经济学家也有一个非常相似的观察，他总结出的理论被称为卢卡斯批判（Lucas Critique）。古德哈特定律和卢卡斯批判起源于经济理论的不同部分，但就我们的目的而言，这两种理论都提出了相同的警告：那些试图控制结果的人往往都会得到意想不到的结果。我们将在第 11 章更详细地讨论卢卡斯批判。

每当激励机制变得反常时，我们就能看到古德哈特定律在发挥作用。观察到的（或假设的）统计规律性在应用时都失效了。如前所述，每获得一条老鼠尾巴就等于河内少了一只乱跑的老鼠；或者，那些没有被回收的滑板车一定是被停放在了人们找不到的地方。

发明专利是为了鼓励人们开发新的创意，但没有人会想到专利玩家会买下专利，并起诉任何试图使用这些创意的人——这些创意甚至都不是他们开发的。不当激励将使这种阻碍人们使用新创意的商业模式变得可行。

同样，美国制定了燃油经济性标准，但没有人想到这些标准会阻碍燃油经济性的改善，这些标准反而产生了一个奇怪的影响：它们使汽车变得更大了。当然，你不能期望一辆大型汽车和一辆小型汽车消耗同样多的燃油。因此，颁布的

## 如何让你的努力获得更好的回报：激励的惊人力量
Incentivology: The Forces That Explain Tremendous Success and Spectacular Failure

法律确保了对大型汽车的限制更严格。事实证明，制造商生产和销售符合较低标准的大型汽车的利润更高，所以它们干得很起劲。结果，美国道路上出现了更多的大型车辆，它们消耗了更多的燃油，排放了更多的二氧化碳。美国最畅销的汽车之一是福特 F 系列，这些车辆都是庞然大物，其燃油经济性数据为 12 升 /100 千米。排名第二和第三的畅销车基本上是同一类车，区别只是格栅上的品牌标识不同。

每当有人试图利用激励的力量时，都会不可避免地出现让人意想不到和与预期相反的结果。如果一小群人为一大群人设计了一个激励方案，那么可以确定的是，这一大群人一定会找到如何利用这个方案的方法。无论设计者中有多少位博士，激励的力量都将驱使人们想出一种让人意想不到的方式来与这个激励方案博弈。这是人们在使用激励时必须接受的最大一笔交易，没有免费的权力。使用激励的代价是，你将永远被迫观察它们所能产生的惊人效果。

请记住法国人的教训。他们的激励机制被利用了，但当他们想放弃它时，成群结队的老鼠又回来了，不久之后，河内就暴发了鼠疫。确定不当激励的结果的目的不是让人们绝望到放弃他们的激励方案，而是让他们调整规则、等待和观察，然后再调整。

# 第 3 章

# 无意识激励

当我开始写这本书的时候,我的几个朋友试图通过为我解释他们工作中的奖金制度来帮助我。我认真地听了,也学到了很多东西。我最大的收获是,我了解到当人们想到激励时,脑海中最先出现的是一个贴着标签的系统,上面写着"你好,我是一种激励"。但有些激励伪装得很好,没有被我们注意到。

我们最容易在工作场所发现激励机制,我把这种情况归因于切斯特·巴纳德(Chester Barnard)。作为现代激励理论的鼻祖,巴纳德在1938年出版的《经理人员的职能》(*The Functions of The Executive*)一书中阐述了他的观点。他将激励机制引入工作环境中,从那之后,人们就一直在努力完善激励机制。但是,在工作场所之外的激励机制才是最有趣的。学者们在激励机制方面做了很多出色的研究,但其中很多研究都是关于委托代理关系的。

委托代理关系是关于两个人的,其中一个人试图让另一个做某事。委托人设计了一种激励机制,而代理人本质上是想弄清楚如何在做最少的事情的同时获得奖励。这有助于我们理解雇主和雇员之间的关系,以及当我们付钱让人们做事时人们的行为。字面上的代理人包括旅行社和房地产经纪人等。

我们分析的重点不在于其内容,而在于其核心假设:存在一个设计激励方案的主体,即一个人。我认为很多激励方案其实并没有特定的设计的主体。或者即使有,他也没有意识到自己在设计一种激励方案。或者,如果这个主体试图设计一种激励方案,那么他也会错误地设计出其他一系列激励方案。

## 如何让你的努力获得更好的回报：激励的惊人力量
Incentivology: The Forces That Explain Tremendous Success and Spectacular Failure

如果激励机制作为其他决策的副作用而存在，那就意味着它们出现问题时几乎不会被发现或被纠正。这听起来是否令人担忧？事实就是这样。

激励中形式最丰富的是偶然激励。顾名思义，这些激励都是在错误的情况下产生的，通常是其他努力的副作用。与不当激励（偶然激励的一种）不同的是，大多数偶然或无意识激励并不会影响激励的目标，而会彻底影响其他东西。

偶然激励的一个很好的例子是学区的影响。学区在世界各地都很常见，它通常指的是公立学校周围的地理区域，它能保证居住在这些区域的学龄儿童都能被这些学校录取。我住在澳大利亚的维多利亚州，这里的州教育部门宣称，学区的存在是为了确保学生能够进入附近的公立学校。政策指导方针表明，学区的存在是为了提供便利：最近的学校用从你的常住地址到学校的直线距离来衡量，或者用最短的实际路线来衡量。这可能要考虑路况和通行时间。

这似乎是一个切实可行的措施。学区还有助于管理人们对于公立学校的需求，这样教育部门就能知道每所学校需要多少教室和教师。这一切听起来都很恰当和简单。

但是，学区可能会产生一种偶然激励效应。不是所有的公立学校都是一样的。有些学校的学生平均成绩似乎要好得多，家长也希望自己的孩子取得更好的成绩，他们希望孩子能为以后的生活做好准备。在维多利亚州，高中的成绩决定了你可以在哪所大学学习哪些课程。父母最深切的愿望就是孩子能进入一所知名大学，并选择一个热门专业，他们希望，不，是需要孩子在高中阶段取得好成绩。

如果说有一所公立学校能帮助学生们取得好成绩，其教育方式能让学生们赢得尊重并获得终生成功，那它一定就是博文中学（Balwyn High School）。从这里走出去的校友很多都成了外科医生、教授和顶级律师。2018年，有一名学生获得了令人非常羡慕的99.95分（在维多利亚州，只有0.05%的学生获得了这一分数）。在博文中学，约16%的学生的成绩在该州排名前3%。这所中学的成绩确实很好，而其他大多数能取得这样成绩的学校，要么是非常昂贵的私立学校，要么是通过考试才有机会入学的公立学校。博文中学则不同，它只是当地的一所学校，而且和其他学校一样，有学区要求。

有孩子的人都拼命地想搬进那个学区。人口普查数据证实，在巴尔温（Balwyn）和北巴尔温（Balwyn North），也就是博文中学所在的郊区，适龄学生的比例过高。在北巴尔温，10～19 岁的孩子约占人口的 9%，而全州和全澳大利亚的平均水平是 6%。在邻近的郊区基尤（Kew），那里没有一所著名的公立高中，10～19 岁的孩子约占人口的 6.5%。

学龄儿童的父母对房产的额外需求体现在房价上。让我们来看看这两栋豪宅（在我撰写本文时，它们都在售）。它们都位于北巴尔温，都有三间卧室、一间浴室和两个停车位，其中一栋占地 650 平方米，另一栋占地 697 平方米。它们的内部结构和外观没有明显的差别，但稍小一栋的售价为 155 万澳元，而稍大一栋的售价为 135 万澳元。价格相差这么多的原因在于学区的划分。第一栋房子在博文中学的学区里，而第二栋房子在学区外。

这种价格差异与我们在整体数据中看到的类似。维多利亚州房地产协会（Real Estate Institute of Victoria）的分析显示，博文中学学区的房价比邻近地区高出 142 500 澳元。这所学校的校长曾在公开场合开玩笑说，她再也住不起这里的房子了。

学区被巴尔温的一些街道分隔出来，有些曲折的马路将一些房子隔在学区之外。在街道一侧拥有房子的人可以得到价值超过 10 万美元的东西，而另一侧的人却什么都得不到。

越来越高的房价并不是唯一的影响。以前，郊区大多数都是低层房屋；现在，随着开发，学区的西侧矗立着一栋栋高层公寓。一些旧地块被合并，现在共有 35 栋公寓。这些公寓中有多少住的是学龄儿童家庭？这个项目的名称为我们提供了一个线索：它被称为巴尔温高级公寓。请注意，它其实和博文中学完全没

# 如何让你的努力获得更好的回报：激励的惊人力量
Incentivology: The Forces That Explain Tremendous Success and Spectacular Failure

有任何关系。

2018 年，巴尔温高级公寓项目的几套两居室被抢购一空，其中一套的售价为 73.8 万澳元。为了向你们说明学区内公寓的溢价情况，我本想在学区外找一套两居室的新公寓来对比，但很明显，在该学区之外没有任何新公寓可供比较。开发商似乎非常热衷于在学区内找点事做。

博文中学的学区并不是为居住在该学区内的人提供的一种特殊福利，但它的运作方式却有些类似；它也并不是为了鼓励更高密度的房地产开发，但它似乎起到了这样的作用。当教育部门按要求将学生分配到学校时，这并没有引起人们的特别关注，这都是无意的。

学区与学生在哪里上学有关，但更大的问题是，学生们得到了什么？事实证明，当我们制定规则来回答这个问题时，我们往往会制订偶然激励计划。无论我们是根据居住地址、国籍、就业情况、社会关系还是收入等因素来进行分配，我们都会有一种令人不安的倾向来创造偶然激励，比如为了买到一张演唱会的票而彻夜排队。有些偶然激励更容易比其他偶然激励产生相反的结果，但所有这些激励都能让人们做出奇怪的事情。问题是，创建这些系统的人其实并没有想要鼓励什么，也没有想要阻止什么。这就是偶然激励在我们的世界中很常见的原因。

## Instagram 的故事

2010 年 7 月 16 日下午 1 点 26 分，一位名叫迈克·克里格（Mike Krieger）的男子在一个照片分享服务平台上传了第一张照片，这个平台就是后来众所周知的 Instagram。为这个平台编写代码的克里格后来把 Instagram 卖给了 Facebook，他因此变得非常富有。但那时，他只是个普通的书呆子。克里格的第一张照片是一张糟糕的风景照，但两个半小时后，他在 Instagram 上发布了第一张美食照，永远地改变了世界。

## 第 3 章　无意识激励

至今，你仍然可以在网上找到那张照片。以今天的标准来看，它并不合格——光线不足，画面模糊，是在结束一顿越南餐时拍的，当时一切都很混乱，而且滤镜的选择也很有问题。但它却是烹饪史上的一个转折点，因为它改变了厨师们的工作方式和我们的饮食方式。

Instagram 是一个供人们分享自己拍摄的照片的平台。你可以申请一个账户，默认情况下，互联网上的任何人都可以关注你，并且能看到你分享的照片，他们可以为照片点赞，并在照片下方评论。Instagram 早期最重要的创意是滤镜，它可以为照片添加不同的颜色和阴影效果。Instagram 团队希望改变照片被查看的方式。

他们确实也这样做了，但这种做法也意外地改变了世界的面貌。这一点在你外出就餐时表现得最为明显。食物发生了微妙的变化，那些在网络上分享菜品的餐厅可以获得免费营销，并可能吸引新顾客，而那些菜品从未出现在社交媒体上的餐厅必须付出双倍努力才能跟得上。

因此，时尚餐厅的餐品不仅要色香味俱全，而且还要美观。它们必须有精致的摆盘，在视觉上要令人眼花缭乱。炖菜和蘑菇汤？颜色太暗了。土豆泥配炒蛋？太随意了。现在讲究的是色彩丰富、营养均衡的水果和蔬菜混搭。以前卖相不佳的肉类现在会被巧妙地摆盘，并配以精致的配菜或颜色鲜亮的酱汁。

我依然记得当我第一次意识到视觉呈现对食物是多么重要时的场景。我在一家时髦的早午餐店点了一份玉米片和其他一些菜品。以前，墨西哥玉米片被随意放在盘子里，但这次不是。这个盘子看起来就像一个雕塑作品。在一堆闪闪发光的牛油果沙拉酱和被巧妙摆放的玉米片上，垂直放着一大圈橘子糖。这是多么美妙和神奇，我立刻拿起手机拍了一张照片。就在我这样做的时候，桌子上又有了一道菜品，比上一道更漂亮。我倒抽了一口冷气，起初是敬畏，后来才是恍然大悟。

当我打开 Instagram，看到这家餐厅的账号时，我确认了这一点——这是一种策略。这种策略不仅需要商家在美学上有所建树，而且需要它们不断创新。一片橙子已经不足以让商家在 Instagram 上获得竞争的主动权。自从我去过那里，Instagram 上的照片显示，这家早午餐店开始用铲子代替盘子来盛放班尼迪克蛋，三明治里竟然还夹着一支装满牛油果泥的注射器。

厨师不仅要为我们的胃做饭，而且要为我们的眼睛做饭。只要餐厅的口碑好，这两种需求就能实现平衡。然而，视觉冲击的市场影响力远大于口味的影响力。通过在 Instagram 发布美食照片来吸引顾客的时尚餐厅比比皆是，人们对菜品的要求也越来越高。当然，如果一家餐厅想要成功，菜品的味道就不能太差。一家在当地拥有忠实顾客的餐厅，也能凭借其看似不起眼的菜品留住一大批顾客。但在有人能发明出一款分享味道的应用程序之前，让一顿美味但品相欠佳的饭菜在网上走红是极具挑战性的。

在 Instagram 上发布照片已经成为各类大小餐厅成功的秘诀之一。2014 年，美国快餐连锁店 Chilli's 进行了一次全面的营销改革。该公司的一个重大决定是每年花费数十万美元购买一种无味的釉料，并将其涂在汉堡的面包上，让汉堡看起来更诱人。

餐厅对在 Instagram 获得成功的狂热也意味着食物的造型已经超越了食物本身。旧金山一家名为 The Riddler 的餐厅特别擅长运用 Instagram，其 Instagram 会反复弹出一系列古怪的菜单。急饮香槟酒杯（chambong）就是一个很好的例子，菜单上将它描述为"一桶气泡"，其实它们是一回事。

在 The Riddler 餐厅，不仅菜单可以在 Instagram 上分享，还有一个更值得在 Instagram 上分享的内容，那就是餐桌预订。当餐桌被预订时，桌牌上就会写上名人的名字，如"为奥普拉预留""为 Lady Gaga 预留"等。从 Instagram 上的帖子数量来看，这一简单做法简直是餐饮业营销方式的神来之笔。

在 2015 年之前，人们根本不会想到要去 Instagram 上分享，但现在，这是餐厅成功与失败的区别。越来越多的证据表明，厨师们在发明菜品时会考虑到拍照，而这一趋势正在危及菜品的味道。美国著名的奥古斯特·埃斯科菲烹饪艺术学校

(Auguste Escoffier School of Culinary Arts）在其博客上表示，现在有必要教给人们如何摆盘才能让菜品既不做作也不乏味，并在 Instagram 上获得好评的技巧。

Instagram 真的改变世界了吗？

一些硬件爱好者可能会对上述观点提出异议。他们可能会说，高质量摄影技术的普及推动了上述变化，人手一台照相机是关键因素。这千真万确，因为没有手机摄像头就没有 Instagram。但这个结论过于简单了，它把人的因素排除在外：照相机并不只是用于分享照片。虽然镜头和光传感器让 Instagram 成为可能，但拍摄和分享食物照片的却是人。为什么？因为激励影响的是人，而不是硬件。

人们对 Instagram 上的照片的关注是有价值的，因为我们是社会物种。我们渴望得到别人的认可和爱。拥有 Instagram 账号的人都知道，当你看到一个美丽的场景时，你马上会想到要把它拍下来，而一旦你拍了一张照片，你马上就会想要分享它。

Instagram 提供的主要激励是有一定目的性的——拍摄和分享漂亮的照片。不过它的第二轮效应——餐饮业变得更加视觉化——完全是偶然的。

这种特殊的偶然激励在大多数情况下是好的，但有些人会持相反观点，比如厨师们往往渴望留住一些美好的印迹，但食客们只关心味道。当然，有些菜品的味道可能会受到影响，就像人们在喝了太多酒后肯定会醉一样。但 Instagram 为餐厅带来的激励大多是良性的——鼓励餐饮业创造一个在视觉上更愉悦的环境。

与此同时，Instagram 在其他领域创造的偶然激励则有所不同。例如，有些人会为了获得点赞而在悬崖边上自拍，这不仅加剧了对优美风景的破坏，而且导致意外事故频繁发生。

当一个依赖人类互动或人类情感的系统被创造出来时，激励机制就会发生变化。如果这个系统足够庞大和强大，那么即使是最细微的激励变化，也能聚合成强大的行为变化。

# 第 4 章

# 被忽视的激励

正如之前我们讨论的，激励可能会让事情变得非常糟糕。我们在知道这些后的一种本能反应可能是完全放弃它们，希望依靠我们更好的直觉和天性。但这可能是一个更大的错误，因为当激励被忽略时，一些更可怕的灾难可能就会发生。

以向河流排放污染物为例。如果没有禁止倾倒垃圾的措施，水道就会满是污物。理财建议也是如此，当理财顾问推荐理财产品的行为不受约束时，他们可能会让客户的境况变得更糟。下面，我想讲一个关于激励被忽视的故事，希望对你有所启发。

## 两个玛丽的故事

我们从考文特花园市场开始讲起，那是1789年8月的一天的凌晨3点。摊主们正在摆放他们的农产品，准备迎接黎明时分涌入的顾客，这时有两个外地人走了进来。她们是玛丽·巴特勒（Mary Butler）和玛丽·德斯蒙德（Mary Desmond），她们都是来自伦敦的贫穷的爱尔兰移民。

"我们当时忙得不可开交，想去喝点东西休息一下。"玛丽·巴特勒后来说。

我们目前还不清楚为什么这两位女士放弃了喝点东西的打算。她们认为接下来发生的事情是一次华丽的冒险，还是她们在经济极度匮乏的情况下所犯下的

## 第 4 章 被忽视的激励

罪行？

她们走到阿米莉亚·里德（Amelia Read）的摊位前，抓起一个大篮子，装满了四季豆后撒腿就跑。她们还没跑多远就被发现了。

玛丽·巴特勒和玛丽·德斯蒙德在法庭上为自己辩护，坚称她们是被人陷害的。玛丽·巴特勒请了五名证人为她作证，但是当阿梅莉亚·里德告诉法官那天晚上她丢了一个能盛九斗豆子的柳条篮子时，这个案子差不多就结束了。在1789年的英国，人们很难被定罪。当美国从英国独立出来时，乔治三世政府曾一度试图遣送囚犯回去，但美国人一直坚持把囚犯送回来。幸运的是，英国终于找到了一个新的地方来安置这些囚犯。1788年，第一批运送囚犯的船只抵达了澳大利亚殖民地。

当这些船只返回英国后，英国政府对成本进行了计算，并计划第二次运送。政府决定，第二次上船的囚犯数量会更多，而航行费用要更少。英国海军计划进行招标，选择出价最低的投标人。

把囚犯送到澳大利亚的成本远远超过了犯罪的成本。上面例子中四季豆的价值是4先令6便士（大约相当于现在的33英镑），而盛四季豆的篮子价值2先令（大约相当于现在的15英镑）。按当时的标准，这相当于48英镑的犯罪成本，也就是说，运送每个玛丽大约需要24英镑。

为了惩罚这两个玛丽，英国政府将向运输公司支付50多倍的费用（17.7先令6便士，大约相当于现在的2500英镑），将她们送上一艘驶往澳大利亚的名为海王星号（Neptune）的船。

和玛丽·德斯蒙德、玛丽·巴特勒一起登上海王星号的还有因偷了大约20米绸带而被判刑的托马斯·巴奈特（Thomas Barnett）、因偷了丝绸手绢而被判刑的托马斯·贝特曼（Thomas Bateman）和因偷了一个孩子的亚麻内衣而被判刑的玛莎·贝茨（Martha Bates）。作为一名在澳大利亚上学的学生，你可能经常会听到很多人因为偷了一个长面包而被判刑，更多的人是因为抢劫杂货店而被判刑。

## 如何让你的努力获得更好的回报：激励的惊人力量
Incentivology: The Forces That Explain Tremendous Success and Spectacular Failure

1789年，布料非常昂贵（尽管其价格即将大幅贬值），因为纺织机刚刚问世，而织布机还没有问世。羊毛、棉布、亚麻布和丝绸确实相当于那个时代的"平板电脑"：价格昂贵又令人向往，而且很容易销赃。在海王星号上，很多人都偷过衣服或织物。人们开始理解为什么狄更斯笔下的小偷总是想偷手帕了。

当玛丽·德斯蒙德、玛丽·巴特勒和其他所有人踏着跳板登上海王星号时，这艘船尚未声名狼藉。但在英国政府内部，一位海军高级官员已经就可能发生的情况提出了警告。英国运送囚犯的经验已经很丰富了，多年来他们一直把这些人运送到美国，几乎没遇到过什么问题。大西洋航线上的这些罪恶之船会想方设法地让"货物"活下来，因为如果不这样，这些囚犯就卖不了多少钱。但相比之下，当这些囚犯到达澳大利亚时，他们将自动履行殖民地总督的责任，船长不需要把他们卖给任何人。查尔斯·米德尔顿爵士（Sir Charles Middleton）——一位对激励的重要性比较敏感的官员——明白，英国将囚犯运往美国的经验可能并不适用于将他们运往澳大利亚。

米德尔顿在1786年写道："那些把囚犯带到美国的商人在囚犯们上船后就对他们产生了浓厚的兴趣。而在前往澳大利亚的航程中，这些商人除了对货物和食物感兴趣，对其他都没兴趣，还承担了航行的风险。"

米德尔顿能看到（而很少有人能看到）的是，那些与政府签订了将囚犯运往澳大利亚的合同的人，并没有经济动机去照顾这些囚犯。这个警告似乎是有预见性的。海王星号上运送的502名囚犯——424名男性和78名女性，为此付出了沉重的代价。但当时，没有人对此感兴趣。

## 地狱之船——海王星号

第二船队合同的中标者是Camden, Calvert and King公司，它是一家老牌奴隶贸易公司。在失去了横跨大西洋的业务后，该公司正以灵活的方式将囚犯运送

## 第 4 章　被忽视的激励

到新西兰和澳大利亚。1790 年 1 月 19 日，海王星号、斯卡伯勒号（Scarborough）和惊奇号（Surprize）一起从伦敦起航。这些船还没驶入海洋，麻烦就开始了。

在普利茅斯 Fountain Tavern 酒店外的码头上，人群聚集在那里，安静地等待着。两个人背靠背站着。一听到信号，他们就开始行动了：在转身并扣动长筒手枪的扳机之前，他们故意迈出了 10 步。

这两个人分别是新南威尔士州陆军军官约翰·麦克阿瑟（John Macarthur）和海王星号的船长托马斯·吉尔伯特（Thomas Gilbert），后者还是第一舰队的老兵以及 Camden，Calvert and King 公司的雇员。

麦克阿瑟和吉尔伯特都在决斗中幸存了下来，这可能会让散去的人群失望，但他们并不会惊讶。

他们为什么决斗？麦克阿瑟和他的妻子对船上的条件很不满意。囚犯们的胃部感染已经很严重了（普利茅斯只是他们在穿越大西洋之前在英格兰的最后一站），尽管到目前为止的大部分时间，船只都是在河口航行，但已经有几个囚犯死在了甲板下。麦克阿瑟想找个人来收拾烂摊子，这不是没有道理的。船长似乎想把几百个不幸的人锁在甲板下，让他们痛不欲生。对囚犯受到冷酷对待的不满似乎是有道理的。惊奇号上的新南威尔士州陆军上尉威廉·希尔（William Hill）在给家人的信中写下了他在海王星号上的所见所闻：

> 对这些不幸的人使用镣铐是极其野蛮的行为……他们两条腿之间的距离最多不能超过一两寸，他们被束缚住后，连动都不能动，动一下，双腿就有可能被打断。

决斗结束后，奴隶贸易公司把船长换成了唐纳德·特雷尔（Donald Trail）[1]，但他在任期内的安排并没有改变：不仅没有为让他的新手下活着而设置奖金，而

---

[1] 麦克亚瑟和他的妻子最终被安置在船队的另一艘船上，继续开拓澳大利亚的羊毛工业，并发动了 1808 年的朗姆酒叛乱（Rum Rebellion），推翻了殖民地总督。

## 如何让你的努力获得更好的回报：激励的惊人力量
### Incentivology: The Forces That Explain Tremendous Success and Spectacular Failure

且制定了一条新规定，即船上任何未使用的物品（除了合同规定的为成功向新殖民地运送物资而提供的储备）在抵达澳大利亚后都可以出售。这是一个极其危险的安排，意味着吃饭的人越少，剩下食物的越多。

船长会让囚犯挨饿吗？希尔上尉在信中是这样暗示的：

> 与我在这支船队中看到的情况相比，奴隶贸易是更仁慈的……在这支船队中，他们从不幸的可怜人那里克扣的粮食越多，他们就有越多的粮食可以在国外市场上出售；囚犯们死得越早，他们领取死者的津贴的时间就越长。

有很多证据都证明了这一点。特雷尔船长会让囚犯们挨饿的部分原因是，当他们到达悉尼后，将剩余的食物和商品卖出去会赚很多钱，因为殖民地急需物资。自从第一支船队到达后，他们就没有补给船了。

一艘名为守护者号（Guardian）的补给船在运送囚犯的船到达之前离开了伦敦，结果在非洲南端附近撞上了一座冰山，而只能在开普敦靠岸。当海王星号靠岸时，守护者号的船员们都急切地想交出运往澳大利亚的物资，但出人意料的是，海王星号的船长似乎不愿意接收任何物资。要知道，那些可不是他们想卖就可以卖的物资，这些都是来自殖民地的物资，并将与特雷尔船长希望出售的货物竞争。

当然，这些船上总会有一些人死亡，因为海上航行非常危险。拿破仑战争期间，英国海军每次出海时的死亡率都约为3%，这还不算任何战斗伤亡。第一支船队在不知道能否撑到终点的情况下起航了。当船队到达澳大利亚的杰克逊港时，人们已经在海上举行了48个葬礼，囚犯的死亡率达到了约5%。这些损失代价高昂：尽管这些囚犯在英国备受憎恶，并且占据了监狱日趋稀缺的空间，但他们对英国在澳大利亚的新殖民地的发展至关重要，因为他们是劳动力。

海王星号总共在海上航行了159天。在航行过程中，502名囚犯中约有150人死亡。到达澳大利亚后，只有约350人还活着，其中很多人在到达后不久就死了。第一支船队的牧师理查德·约翰逊（Richard Johnson）描述了这些囚犯到达时的状态。

> 我看到了一幅令人震惊的景象：很多人躺着，有些人半身赤裸，甚至有些人全身赤裸，他们没有床和被褥，不能翻身或生活不能自理。我一边走一边跟他们说话，但他们的气味太难闻了，令我无法忍受……这些人上岸时的场景也确实令人动容，令人震惊：很多人无法走路，手脚也不能动。他们就像桶、箱子或类似的东西一样被挂在船舷上。当他们被带出船舱时，有些人晕倒了，有些人死在了甲板上，还有一些人没上岸就死在了船上。

值得注意的是，这令人震惊的一幕的见证者本人曾在两年前乘坐一艘运送囚犯的船来到澳大利亚，当时他并没有意识到海上航行的危险。虽然海王星号的死亡率最高，约为30%，但船队中其他两艘船的死亡率为15%~30%，而且死亡并没有在船只到达后停止。如果以到达悉尼后八个月内的存活率为标准，那么第二支船队囚犯的死亡率约为40%。

斯卡伯勒号和惊奇号的存活率略高，这表明外部激励的存在或缺失并不是最重要的。虽然激励会刺激获得奖励的神经网络（我们将在第6章中详细介绍），但在缺乏激励的情况下，这些神经网络仍会运行，因为道德确实存在。在没有一份好合同的情况下，唯一能使囚犯们保持良好状态的有利因素就是船长的良心。尽管有同样的动机，但船队中另外两艘船死亡囚犯的数量比海王星号少。

显然，第二支船队的激励措施是一场灾难。政府为每名囚犯付给奴隶贩子的177先令6便士中包括了成功运送他们的一部分开支。遗憾的是，合同中包含了这样一些备用物品，包括口粮、衣服、锤子和钉子，但这似乎不是为囚犯们准备的。特雷尔船长可以把所有囚犯都扔到彭赞斯附近的海里，并拿到他的钱（也许这发生在他们中的一些人身上，记录没有显示囚犯在航行过程中的死亡时间或地点）。

那两个玛丽呢？至少有一个人会成功吧？我很高兴地告诉大家，玛丽·德斯蒙德女士和玛丽·巴特勒女士都活着到达了悉尼，而且很快都结了婚。

| 如何让你的努力获得更好的回报：激励的惊人力量
| Incentivology: The Forces That Explain Tremendous Success and Spectacular Failure

## 激励如何发挥作用

有关第二支船队船上的死亡率和不人道的生存条件的消息一传回英国，伦敦的报纸上就满是关于这次恐怖旅程的消息。民间流传着这样可怕的故事：两个人被用铁链拴在一起，其中一个人死后，另一个人会尽可能长时间地假装铁链另一端的人还活着，以获得他的口粮。在这些耸人听闻的故事中，《泰晤士报》(Times of London)提出了一个引人关注的建议：我们应关注激励机制。

> 我们也许应该注意到，每名囚犯前往植物学湾（Botany Bay）的钱是完全够用的，但不幸的是，船主把生意承包给了船长，因此在途中死亡的人越多，船长赚的钱就越多。提单应采用通常的样式，即"以与上述相同的良好秩序和良好状态交付货物（海上遇到危险除外）"。但就目前的情况来看，船长运进港口的货物越少，他赚的钱越多。

我喜欢这样的建议，这是公众舆论所造成的一部分转变，它有助于彻底改变交易方式。下一批将要起航的船只将采用一种非常简单的交付方式：货到付款。只有囚犯活着走出船舱，悉尼的承包商才会得到相应报酬。这种激励的效果如何？我找到了1793年10月12日殖民地副总督写给他主人的一封信，他在信中写道：

> 承包商似乎严格履行了他们的承诺，从囚犯健康的外表来看，船员们肯定对他们格外上心。在两艘共载有330人的船上，只有1人死亡，而在那些到达殖民地的人中，几乎没有人生病。

（那个人的死因是他被指控为叛变者，他在离开欧洲六周后被处决。这是一种不同的激励机制，旨在维持秩序。）

这个简单的激励机制还能继续发挥作用吗？最终答案是否定的，因为它没有考虑到一些真正超出运输公司控制范围的风险。例如，如果一名有传染性疾病的囚犯上了船，那么不管他们付出多大的努力，很多人还是可能会死。我们需要更好地平衡风险和回报，事实证明，一种设计精妙的激励机制可以获得很好的结果。英国采用奖金和直接问责制相结合的方法进行了一段时间的试验，结果证明这是一种合理的方法，前往澳大利亚的船上的死亡率下降至1%左右。解决一个重大问题并不是一定要花大力气去激励人们做正确的事。

我们正在应对气候变化和海洋塑料污染等问题，这个例子应该可以给我们带来希望，因为一些恰当的激励机制会对一个有可能引发灾难的问题产生重大影响。

# 第 5 章

# 关于激励的脑科学研究

要完全理解激励机制，我们不仅要理解它们的作用，而且要理解它们为什么会有这些作用。我们必须深入探究促使人类对激励做出反应的根本原因，这意味着我们要研究我们大脑的奖励系统。这个系统让我们在生活中寻找某些东西，如水和食物等，并让我们享受这个过程。

我们中的很多人都很熟悉奖励系统的基本原理。我们通常都知道，欲望、梦想和成就感不过是在我们大脑的浅灰色皮质层中一闪而过的化学信号。但直到 20 世纪 40 年代，这一概念还不为人所知。大约在 20 世纪中叶，神经科学家通过研究脑损伤患者来研究大脑在动机方面的作用，并取得了重大进展。一些大脑发生生理变化的人会停止进食，而其他人则不会停止进食。一场科学革命开始了，科学家们开始意识到，不是胃让人感到饥饿，也不是喉咙让人感到渴，大脑才是主导这一切的核心因素。就像我们现在认为理所当然的很多知识一样，人们曾经认为动机存在于大脑中。

人们在一个实验中发现了大脑在动机中的真正作用。这个实验是一个看上去笨手笨脚的年轻人进行的，他就是詹姆斯·奥尔兹（James Olds）。

## 远程控制

1953 年，詹姆斯·奥尔兹在加拿大麦吉尔大学（McGill University）的一个实验室找到了一份工作。那年夏天，他一直在工作。他决心在他的上级休假时，用他个人的发现给他们留下深刻的印象。奥尔兹有一大群实验鼠，他着手用它们来做实验。

老鼠的大脑很小。当你给它们引入一个电极时，你很容易错过你的预期目标，特别是当你的经验不够丰富时。当时，奥尔兹没什么经验，他用电极径直穿过了一只老鼠的中脑网状结构。

就是这个在神经科学领域出现的偶然错误，让奥尔兹"创造"了一只他可以远程控制的老鼠。为了实验，奥尔兹把老鼠放在一个四个角标有 A、B、C、D 的盒子里。当老鼠走到 A 角时，奥尔兹就对它的大脑进行电刺激，结果老鼠一次又一次地回到 A 角。奥尔兹写道："此时，我们认为刺激一定会激发好奇心，但我们没有把它当成一种奖励。"

老鼠很快就睡着了，但第二天，它回到 A 角的次数比前一天更多了。接着，奥尔兹想看看这只老鼠是否能被训练走到不同的角，实际上这只花了五分钟。每次它向 B 角走一步，奥尔兹就给它一点电击，很快就把它送到了那里。他写道："在这之后，实验人员可以将这只动物引导至盒子中的几乎任何位置。"

这个实验很快就得到了改进，奥尔兹无须按下按钮，就能让电流进入老鼠的大脑。只不过这项工作交给了老鼠自己，这个过程被称为颅内自我刺激。他将一只老鼠放入一个装有杠杆的盒子中，杠杆可以让它自行控制电流到达大脑的相关部位。

网上有很多关于这次实验的视频，观看这些实验是很恐怖的。连接到老鼠头顶上的电线又粗又有弹性，这样它们就可以在笼子里自由活动。你看不见这些电线连接的末端，也就是研究人员操纵电线的那一端。当你看着老鼠按压杠杆的时候，你的眼睛会不由自主地盯着这些电线。

20世纪60年代，这项研究可能到达了巅峰，当时一位名叫阿耶·鲁登伯格（Aryeh Routtenberg）的研究人员观察到了老鼠在装满食物的笼子里被活活饿死的情况。这些老鼠的大脑中都植入了电极，随着一波接一波的电流击中它们的大脑，它们会以越来越频繁地按压杠杆。只有当营养不良时，它们才会放慢速度，并最终停下来——不是吃东西，而是饿死。这是一种折磨吗？老鼠是在狂喜中神志不清地死去的吗？如果是这样，那么这是否合乎道德呢？我们无法回答这些问题。

神经递质多巴胺在这些老鼠的大脑中激增。我们很快发现，大脑中的多巴胺奖励中心非常强大。激励会激活这些奖励中心，从而触发多巴胺。

如此强烈的奖励感可以远程传递至大脑，这一发现成就了很多科幻小说。这个概念后来被称为布线（wire-heading），它代表了一种最元级别的反常激励。如果我们生活的目标是做让自己快乐的事情，而我们可以走捷径，那我们就可以不按照任何既定步骤行事而达到目标。

大脑在欲望、喜好和学习方面发挥的作用对于理解激励机制来说至关重要，因为激励机制会利用这些神经通路来改变人类行为。尽管磁共振成像（MRI）技术的进步让我们更好地了解了大脑的工作方式，但科学家们所观察到的并不总是那么清晰。

综上所述，激励机制在社会中所起的作用没有得到充分认识的一个原因是，关于大脑处理奖励和惩罚的方式的理论研究还处于初级阶段，目前仍在发展中。但我们确实知道一些事情，其中一件事是，我们是被奖励吸引还是排斥惩罚，完全取决于我们大脑中一些非常微小的分子的运动。

## 多巴胺与合作

在我们继续之前，有必要先大概了解一下神经递质。在大脑中，不同区域之间的空间决定了一切的不同。大脑中充满了神经元，即神经细胞。神经元之间有产生生物连接的部位，信息必须通过这个部位才能发送出去。这些部位被称为突触，它们是你所有快乐和悲伤的源泉。

想象一下，一个神经元伸出手去拍另一个神经元的肩膀，然后凑过去小声说："我觉得我们很开心。"这是神经递质通过突触传递的信号之一。这在很多突触中一直在发生。人类大脑中有超过 100 万亿个突触。

我讨厌"万亿"（trillion）这个词，就像我讨厌"十亿"（billion）这个词一样。简单地更换单词的首字母并不能传达我们正在经历的变化的量级。这些词语会让我们瞠目结舌（我想知道这是不是人们对英国社会的贫富差距感到如此不安的原因，我们的语言几乎无法表达 10 亿比 100 万大多少）。

这是 100 万：1 000 000

这是 10 亿（你可以看看 10 亿中有多少个 1 000 000）：

1 000 000  1 000 000  1 000 000  1 000 000  1 000 000  1 000 000  1 000 000  1 000 000
1 000 000  1 000 000  1 000 000  1 000 000  1 000 000  1 000 000  1 000 000  1 000 000
1 000 000  1 000 000  1 000 000  1 000 000  1 000 000  1 000 000  1 000 000  1 000 000
1 000 000  1 000 000  1 000 000  1 000 000  1 000 000  1 000 000  1 000 000  1 000 000
1 000 000  1 000 000  1 000 000  1 000 000  1 000 000  1 000 000  1 000 000  1 000 000
1 000 000  1 000 000  1 000 000  1 000 000  1 000 000  1 000 000  1 000 000  1 000 000
1 000 000  1 000 000  1 000 000  1 000 000  1 000 000  1 000 000  1 000 000  1 000 000
1 000 000  1 000 000  1 000 000  1 000 000  1 000 000  1 000 000  1 000 000  1 000 000
1 000 000  1 000 000  1 000 000  1 000 000  1 000 000  1 000 000  1 000 000  1 000 000
1 000 000  1 000 000  1 000 000  1 000 000  1 000 000  1 000 000  1 000 000  1 000 000

# 如何让你的努力获得更好的回报：激励的惊人力量
Incentivology: The Forces That Explain Tremendous Success and Spectacular Failure

| | | | | | | | |
|---|---|---|---|---|---|---|---|
|1 000 000|1 000 000|1 000 000|1 000 000|1 000 000|1 000 000|1 000 000|1 000 000|
|1 000 000|1 000 000|1 000 000|1 000 000|1 000 000|1 000 000|1 000 000|1 000 000|
|1 000 000|1 000 000|1 000 000|1 000 000|1 000 000|1 000 000|1 000 000|1 000 000|
|1 000 000|1 000 000|1 000 000|1 000 000|1 000 000|1 000 000|1 000 000|1 000 000|
|1 000 000|1 000 000|1 000 000|1 000 000|1 000 000|1 000 000|1 000 000|1 000 000|
|1 000 000|1 000 000|1 000 000|1 000 000|1 000 000|1 000 000|1 000 000|1 000 000|
|1 000 000|1 000 000|1 000 000|1 000 000|1 000 000|1 000 000|1 000 000|1 000 000|
|1 000 000|1 000 000|1 000 000|1 000 000|1 000 000|1 000 000|1 000 000|1 000 000|
|1 000 000|1 000 000|1 000 000|1 000 000|1 000 000|1 000 000|1 000 000|1 000 000|
|1 000 000|1 000 000|1 000 000|1 000 000|1 000 000|1 000 000|1 000 000|1 000 000|
|1 000 000|1 000 000|1 000 000|1 000 000|1 000 000|1 000 000|1 000 000|1 000 000|
|1 000 000|1 000 000|1 000 000|1 000 000|1 000 000|1 000 000|1 000 000|1 000 000|
|1 000 000|1 000 000|1 000 000|1 000 000|1 000 000|1 000 000|1 000 000|1 000 000|
|1 000 000|1 000 000|1 000 000|1 000 000|1 000 000|1 000 000|1 000 000|1 000 000|
|1 000 000|1 000 000|1 000 000|1 000 000|1 000 000|1 000 000|1 000 000|1 000 000|
|1 000 000|1 000 000|1 000 000|1 000 000|1 000 000|1 000 000|1 000 000|1 000 000|
|1 000 000|1 000 000|1 000 000|1 000 000|1 000 000|1 000 000|1 000 000|1 000 000|
|1 000 000|1 000 000|1 000 000|1 000 000|1 000 000|1 000 000|1 000 000|1 000 000|
|1 000 000|1 000 000|1 000 000|1 000 000|1 000 000|1 000 000|1 000 000|1 000 000|
|1 000 000|1 000 000|1 000 000|1 000 000|1 000 000|1 000 000|1 000 000|1 000 000|
|1 000 000|1 000 000|1 000 000|1 000 000|1 000 000|1 000 000|1 000 000|1 000 000|
|1 000 000|1 000 000|1 000 000|1 000 000|1 000 000|1 000 000|1 000 000|1 000 000|
|1 000 000|1 000 000|1 000 000|1 000 000|1 000 000|1 000 000|1 000 000|1 000 000|
|1 000 000|1 000 000|1 000 000|1 000 000|1 000 000|1 000 000|1 000 000|1 000 000|

# 第 5 章 关于激励的脑科学研究

| 1 000 000 | 1 000 000 | 1 000 000 | 1 000 000 | 1 000 000 | 1 000 000 | 1 000 000 | 1 000 000 |
|---|---|---|---|---|---|---|---|
| 1 000 000 | 1 000 000 | 1 000 000 | 1 000 000 | 1 000 000 | 1 000 000 | 1 000 000 | 1 000 000 |
| 1 000 000 | 1 000 000 | 1 000 000 | 1 000 000 | 1 000 000 | 1 000 000 | 1 000 000 | 1 000 000 |
| 1 000 000 | 1 000 000 | 1 000 000 | 1 000 000 | 1 000 000 | 1 000 000 | 1 000 000 | 1 000 000 |
| 1 000 000 | 1 000 000 | 1 000 000 | 1 000 000 | 1 000 000 | 1 000 000 | 1 000 000 | 1 000 000 |
| 1 000 000 | 1 000 000 | 1 000 000 | 1 000 000 | 1 000 000 | 1 000 000 | 1 000 000 | 1 000 000 |
| 1 000 000 | 1 000 000 | 1 000 000 | 1 000 000 | 1 000 000 | 1 000 000 | 1 000 000 | 1 000 000 |
| 1 000 000 | 1 000 000 | 1 000 000 | 1 000 000 | 1 000 000 | 1 000 000 | 1 000 000 | 1 000 000 |
| 1 000 000 | 1 000 000 | 1 000 000 | 1 000 000 | 1 000 000 | 1 000 000 | 1 000 000 | 1 000 000 |
| 1 000 000 | 1 000 000 | 1 000 000 | 1 000 000 | 1 000 000 | 1 000 000 | 1 000 000 | 1 000 000 |
| 1 000 000 | 1 000 000 | 1 000 000 | 1 000 000 | 1 000 000 | 1 000 000 | 1 000 000 | 1 000 000 |
| 1 000 000 | 1 000 000 | 1 000 000 | 1 000 000 | 1 000 000 | 1 000 000 | 1 000 000 | 1 000 000 |
| 1 000 000 | 1 000 000 | 1 000 000 | 1 000 000 | 1 000 000 | 1 000 000 | 1 000 000 | 1 000 000 |
| 1 000 000 | 1 000 000 | 1 000 000 | 1 000 000 | 1 000 000 | 1 000 000 | 1 000 000 | 1 000 000 |
| 1 000 000 | 1 000 000 | 1 000 000 | 1 000 000 | 1 000 000 | 1 000 000 | 1 000 000 | 1 000 000 |
| 1 000 000 | 1 000 000 | 1 000 000 | 1 000 000 | 1 000 000 | 1 000 000 | 1 000 000 | 1 000 000 |
| 1 000 000 | 1 000 000 | 1 000 000 | 1 000 000 | 1 000 000 | 1 000 000 | 1 000 000 | 1 000 000 |
| 1 000 000 | 1 000 000 | 1 000 000 | 1 000 000 | 1 000 000 | 1 000 000 | 1 000 000 | 1 000 000 |
| 1 000 000 | 1 000 000 | 1 000 000 | 1 000 000 | 1 000 000 | 1 000 000 | 1 000 000 | 1 000 000 |
| 1 000 000 | 1 000 000 | 1 000 000 | 1 000 000 | 1 000 000 | 1 000 000 | 1 000 000 | 1 000 000 |
| 1 000 000 | 1 000 000 | 1 000 000 | 1 000 000 | 1 000 000 | 1 000 000 | 1 000 000 | 1 000 000 |
| 1 000 000 | 1 000 000 | 1 000 000 | 1 000 000 | 1 000 000 | 1 000 000 | 1 000 000 | 1 000 000 |
| 1 000 000 | 1 000 000 | 1 000 000 | 1 000 000 | 1 000 000 | 1 000 000 | 1 000 000 | 1 000 000 |
| 1 000 000 | 1 000 000 | 1 000 000 | 1 000 000 | 1 000 000 | 1 000 000 | 1 000 000 | 1 000 000 |

# 如何让你的努力获得更好的回报：激励的惊人力量
Incentivology: The Forces That Explain Tremendous Success and Spectacular Failure

1 000 000　1 000 000　1 000 000　1 000 000　1 000 000　1 000 000　1 000 000　1 000 000
1 000 000　1 000 000　1 000 000　1 000 000　1 000 000　1 000 000　1 000 000　1 000 000
1 000 000　1 000 000　1 000 000　1 000 000　1 000 000　1 000 000　1 000 000　1 000 000
1 000 000　1 000 000　1 000 000　1 000 000　1 000 000　1 000 000　1 000 000　1 000 000
1 000 000　1 000 000　1 000 000　1 000 000　1 000 000　1 000 000　1 000 000　1 000 000
1 000 000　1 000 000　1 000 000　1 000 000　1 000 000　1 000 000　1 000 000　1 000 000
1 000 000　1 000 000　1 000 000　1 000 000　1 000 000　1 000 000　1 000 000　1 000 000
1 000 000　1 000 000　1 000 000　1 000 000　1 000 000　1 000 000　1 000 000　1 000 000
1 000 000　1 000 000　1 000 000　1 000 000　1 000 000　1 000 000　1 000 000　1 000 000
1 000 000　1 000 000　1 000 000　1 000 000　1 000 000　1 000 000　1 000 000　1 000 000
1 000 000　1 000 000　1 000 000　1 000 000　1 000 000　1 000 000　1 000 000　1 000 000
1 000 000　1 000 000　1 000 000　1 000 000　1 000 000　1 000 000　1 000 000　1 000 000
1 000 000　1 000 000　1 000 000　1 000 000　1 000 000　1 000 000　1 000 000　1 000 000
1 000 000　1 000 000　1 000 000　1 000 000　1 000 000　1 000 000　1 000 000　1 000 000
1 000 000　1 000 000　1 000 000　1 000 000　1 000 000　1 000 000　1 000 000　1 000 000
1 000 000　1 000 000　1 000 000　1 000 000　1 000 000　1 000 000　1 000 000　1 000 000
1 000 000　1 000 000　1 000 000　1 000 000　1 000 000　1 000 000　1 000 000　1 000 000
1 000 000　1 000 000　1 000 000　1 000 000　1 000 000　1 000 000　1 000 000　1 000 000
1 000 000　1 000 000　1 000 000　1 000 000　1 000 000　1 000 000　1 000 000　1 000 000
1 000 000　1 000 000　1 000 000　1 000 000　1 000 000　1 000 000　1 000 000　1 000 000
1 000 000　1 000 000　1 000 000　1 000 000　1 000 000　1 000 000　1 000 000　1 000 000
1 000 000　1 000 000　1 000 000　1 000 000　1 000 000　1 000 000　1 000 000　1 000 000
1 000 000　1 000 000　1 000 000　1 000 000　1 000 000　1 000 000　1 000 000　1 000 000
1 000 000　1 000 000　1 000 000　1 000 000　1 000 000　1 000 000　1 000 000　1 000 000
1 000 000　1 000 000　1 000 000　1 000 000　1 000 000　1 000 000　1 000 000　1 000 000

# 第5章 关于激励的脑科学研究

1 000 000　1 000 000　1 000 000　1 000 000　1 000 000　1 000 000　1 000 000　1 000 000
1 000 000　1 000 000　1 000 000　1 000 000　1 000 000　1 000 000　1 000 000　1 000 000
1 000 000　1 000 000　1 000 000　1 000 000　1 000 000　1 000 000　1 000 000　1 000 000
1 000 000　1 000 000　1 000 000　1 000 000　1 000 000　1 000 000　1 000 000　1 000 000
1 000 000　1 000 000　1 000 000　1 000 000　1 000 000　1 000 000　1 000 000　1 000 000
1 000 000　1 000 000　1 000 000　1 000 000　1 000 000　1 000 000　1 000 000　1 000 000
1 000 000　1 000 000　1 000 000　1 000 000　1 000 000　1 000 000　1 000 000　1 000 000
1 000 000　1 000 000　1 000 000　1 000 000　1 000 000　1 000 000　1 000 000　1 000 000
1 000 000　1 000 000　1 000 000　1 000 000　1 000 000　1 000 000　1 000 000　1 000 000
1 000 000　1 000 000　1 000 000　1 000 000　1 000 000　1 000 000　1 000 000　1 000 000
1 000 000　1 000 000　1 000 000　1 000 000　1 000 000　1 000 000　1 000 000　1 000 000
1 000 000　1 000 000　1 000 000　1 000 000　1 000 000　1 000 000　1 000 000　1 000 000
1 000 000　1 000 000　1 000 000　1 000 000　1 000 000　1 000 000　1 000 000　1 000 000
1 000 000　1 000 000　1 000 000　1 000 000　1 000 000　1 000 000　1 000 000　1 000 000
1 000 000　1 000 000　1 000 000　1 000 000　1 000 000　1 000 000　1 000 000　1 000 000
1 000 000　1 000 000　1 000 000　1 000 000　1 000 000　1 000 000　1 000 000　1 000 000
1 000 000　1 000 000　1 000 000　1 000 000　1 000 000　1 000 000　1 000 000　1 000 000
1 000 000　1 000 000　1 000 000　1 000 000　1 000 000　1 000 000　1 000 000　1 000 000
1 000 000　1 000 000　1 000 000　1 000 000　1 000 000　1 000 000　1 000 000　1 000 000
1 000 000　1 000 000　1 000 000　1 000 000　1 000 000　1 000 000　1 000 000　1 000 000
1 000 000　1 000 000　1 000 000　1 000 000　1 000 000　1 000 000　1 000 000　1 000 000
1 000 000　1 000 000　1 000 000　1 000 000　1 000 000　1 000 000　1 000 000　1 000 000
1 000 000　1 000 000　1 000 000　1 000 000　1 000 000　1 000 000　1 000 000　1 000 000
1 000 000　1 000 000　1 000 000　1 000 000　1 000 000　1 000 000　1 000 000　1 000 000
1 000 000　1 000 000　1 000 000　1 000 000　1 000 000　1 000 000　1 000 000　1 000 000

# 如何让你的努力获得更好的回报：激励的惊人力量
Incentivology: The Forces That Explain Tremendous Success and Spectacular Failure

1 000 000　1 000 000　1 000 000　1 000 000　1 000 000　1 000 000　1 000 000　1 000 000
1 000 000　1 000 000　1 000 000　1 000 000　1 000 000　1 000 000　1 000 000　1 000 000
1 000 000　1 000 000　1 000 000　1 000 000　1 000 000　1 000 000　1 000 000　1 000 000

1 000 000　1 000 000　1 000 000　1 000 000　1 000 000　1 000 000　1 000 000　1 000 000
1 000 000　1 000 000　1 000 000　1 000 000　1 000 000　1 000 000　1 000 000　1 000 000
1 000 000　1 000 000　1 000 000　1 000 000　1 000 000　1 000 000　1 000 000　1 000 000

让我们不要再浪费笔墨来说明这一点了，增长的规模也是如此。我展示以上数字是要强调我们大脑中拥有的突触的数量是巨大的，这是一个极其复杂的系统。

信息以神经递质的形式在无数的突触间传递。因此，神经递质在神经元之间架起了桥梁。有些神经递质很有名，如血清素和通常被称为爱情荷尔蒙的催产素。有一些功能强大的神经递质没那么出名，如乙酰胆碱，它能帮助你在早晨醒来，并保持你的记忆有序（它还有科学家正在研究的其他一些功能）。

有一种神经递质已经被大众所熟知，它就是多巴胺。人们对它进行了很多研究，也更了解它。从某种意义上说，多巴胺是一种由22个原子粘在一起组成的小分子（相比之下，水是由三个原子组成的，而你体内的一些蛋白质是由成百上千个原子组成的），它是由我们熟悉的普通物质构成的，如碳、氢、氧和氮。

多巴胺是这本书中的第三个隐藏角色。每当我们谈到某人对刺激的反应时就会提到多巴胺。当你得到奖励时，神经元就会释放出多巴胺，这些多巴胺会飞向另一个神经元，并到达一个被称为受体的特殊位置。你会收到这样的信息：你得到了奖励。很快，受体释放多巴胺，多巴胺回到原来的神经元，稍后信息会被再次发送，这是神经递质的基础特征：神经递质有很多，有不同的类型，它们对激励的处理非常重要。

神经递质仍然是一个相对较新的研究领域。神经递质研究进程的决定性时刻发生在1921年。在那之前，没有人相信神经元会释放"小信使"。有些人认为，这些被电击的细胞发出的不是电，而是其他东西，这简直是一种对它们的亵渎。两只青蛙的死让人们结束了这种想法。维也纳科学家奥托·勒维（Otto Loewi）用两颗青蛙心脏设计了一个他梦到的实验。

> 那年复活节的前一天晚上，我突然醒来。我打开灯，在一张薄薄的小纸片上草草写下几句话后就又睡着了。早上6点时，我突然想到我在夜里好像记下了一些非常重要的事情，但我已无法辨认那些潦草的字迹。第三天凌晨3点钟，这个念头又出现了。这是一个实验的设计，目标是确定我17年前提出的化学物质传播的假设是否正确。我立即起身来到实验室，按照之前想到的实验设计用青蛙的心脏做了一个简单的实验。

勒维将两颗青蛙心脏分别放入两只盛有液体的烧杯中，每颗心脏的跳动都是人为控制的，他让一颗心脏跳得更快，然后将液体从这个烧杯倒入另一个烧杯。第二颗心脏也跳得更快了！神经不仅受到了电流的刺激，而且受到了微小粒子的刺激——这就证明了神经元释放神经递质的理论（事实上，在相信勒维之前，人们争论了很多年，也杀死了很多青蛙。如果这对勒维来说是一种负担，那么对青蛙来说，这更是一个艰难的时代。我们要向为神经科学做出贡献的青蛙致敬）。

因此，虽然神经递质早在几十年前就为人所知，但直到几年前，科学家们才对它们在大脑中如何运作、多巴胺在哪里定期进行"烟花表演"有了清晰的认识。这一切背后的科学，以及我们如何和为什么会对激励做出反应都是崭新的领域。

幸运的是，近年来已经有很多实验展示了多巴胺在各种生物的激励机制中的作用。科学家们可以从不同的动物身上得到类似的结果，因为多巴胺神经元有他们所说的进化保守性。这意味着它们会出现在很多不同的动物身上，可能是因为它们对生存非常重要。毕竟，奖励系统的存在是为了让动物们活下去——它让我们从危险中脱身，主动寻找食物或水。激励正是利用了这些古老的系统。

## 如何让你的努力获得更好的回报：激励的惊人力量
Incentivology: The Forces That Explain Tremendous Success and Spectacular Failure

人们已经证明了多巴胺能使动物对奖励更加敏感。一个很精彩的实验使用了小鼠——它们天生就拥有高度活跃的多巴胺系统。它们的体内充满了多巴胺，这使它们对回报极其敏感。科学家们做的第一件事就是向小鼠们展示一种颜色鲜艳的早餐麦片。首先，这些被分成高多巴胺组和"野生型"对照组的小鼠需要发现麦片是美味的。在实验开始前，科学家们给了这些小鼠三天时间，让它们熟悉环境。然后，每只小鼠都被放在一个有滑动门的盒子里，另外一个盒子里放有5克麦片，两个盒子之间用一条跑道隔开。科学家们训练小鼠穿过跑道并吃到麦片。

高多巴胺小鼠的表现和"野生型"小鼠非常不同。经过几次训练后，在几乎80%的情况下，它们直接跑向麦片，而没有改变方向；在超过70%的情况下，它们不停顿地快速奔跑。而"野生型"小鼠只在30%的情况下能直接跑向麦片，只在20%的情况下能不停顿地快速奔跑。高多巴胺小鼠通常只需要4秒就能放弃目标，而"野生型"小鼠通常需要12秒。

科学家们测量了小鼠的最快奔跑速度和天生的好奇心水平，甚至它们对麦片的喜爱程度，以弄清楚这些因素是否会影响实验结果，结论是它们都不会影响结果。如果非要说有什么不同，那就是高多巴胺小鼠更不喜欢糖、天生更好奇一些，这应该会使它们没那么有动力去吃那些五颜六色的麦片，但现实情况正好相反，这种激励对基因发生变化的小鼠尤其有效，因为它们的大脑中充斥着多巴胺。

在一项类似的研究中，科学家们把小鼠放在一个笼子里，里面有充足的普通食物，还有一些只要按一下杠杆就能得到的颗粒食物。小鼠更愿意吃这些颗粒，只要它们想吃就会按下杠杆。然后，科学家们通过给小鼠注射一种阻断多巴胺受体的药物，把它们变成了低多巴胺动物。这些小鼠不再喜欢按杠杆，而开始吃普通食物。

我们可以将这些从研究中学到的东西谨慎地应用在现实世界中。激励机制的制定者们必须认识到，有些人更像是高多巴胺小鼠，容易受到激励而立即采取行动，而有些人则不会这样。我们不应将没有反应的人视为学得慢的人，而应更宽容地将他们视为低多巴胺的人。

## 喜欢和想要

最近，神经科学研究领域的另一个重大突破是区分了奖励系统的两个不同部分——喜欢和想要。喜欢某样东西和想要某样东西的信号会刺激大脑的两个不同的领域，其中一个可以在没有另一个的情况下被触发。

我们对这一点有所了解。例如，我喜欢吃冰激凌，但我现在并不想吃。但我们不太了解的是，人们可能想要某些东西，但并不是因为喜欢它们。例如，那些有药物依赖的人可能想要药物，即使他们知道自己不喜欢服用它们。

当科学家使用暗示来引入奖励时，我们就可以非常清楚地在实验室环境中看到想要和喜欢之间的区别。暗示是指在奖励到来之前引入的信号。例如，在小鼠们得到颗粒食物之前，研究人员将一个异物（通常是一块金属）放进它们的笼子里。小鼠们不喜欢这个暗示，但它们会想要得到它。它们经常接近它，嗅它，有些老鼠甚至在颗粒食物被放进来之前咬它。它没有给小鼠们带来快乐的回报（喜欢），但它们大脑中"想要"的部分被高度激活了。

如果你训练一只小鼠，在它饿的时候给它一个暗示，那么在它吃饱的时候再给它这个暗示，它就又会开始吃东西。暗示本身有助于驱动行为，而不仅仅是对奖励的需要，它会放大"想要"这种行为。这样，我们就很容易知道何时奖励是昂贵的（如现金奖励），何时奖励是相对便宜的（如证书或蓝丝带）。我们应该怀疑多巴胺驱动的想要暗示的欲望。多一点暗示、少一点奖励，这可能和大奖一样能起到激励作用。

当我们收到这些暗示时，我们需要保持高度的警惕。例如，那些闪烁着耀眼的灯光、大声播放着音乐的扑克机既会让我们的多巴胺系统高速运转起来，也会让我们钱包里的钱越来越少。如果我们关注这一点，我们可能就能学会避免更多关于暗示而不是奖励的回报。

| 如何让你的努力获得更好的回报：激励的惊人力量
Incentivology: The Forces That Explain Tremendous Success and Spectacular Failure

## 先天的、后天的还是受到激励的

当你盯着太阳看一会儿后把目光移开，再看其他地方时，你的眼中可能会出现一片黑影。激励的效果之所以持久，不仅仅是因为我们对激励做出了反应，还因为我们能从中学到东西。即使这个刺激物被移除，它们也仍然会对我们的神经奖励系统产生强大的影响。

我们认为的积极或消极行为以及道德或不道德行为，在某种程度上可能是后天习得的行为。我们可能学会以某种方式行事，并得到关于个性、冒险、尊重权威或信任陌生人的教训，然后这些教训又会被社会不断强化。要改变这些习得的行为，就需要更强有力的新激励。

你甚至可能会认为，由社会正在或曾经面临的激励产生的，随着时间的推移而逐步被社会期望所强化的行为就是一个社会的文化。在鼓励某种行为的激励消失后，文化可能还会存在很长时间。例如，有欧洲血统的澳大利亚人经常在圣诞节吃北半球冬季的食物，尽管澳大利亚的圣诞节是在盛夏。大吃土豆和烤肉的动机（如天气寒冷和缺少新鲜蔬菜）不再适用，他们已被我们称之为文化期望的一系列激励深深地影响了。

你想要根除那些被整个文化强化的行为吗？这需要特别强有力的激励机制。当人们认为像酒后驾车这种习惯太危险时，就需要付出努力来改变这种行为了。对行为改变进行奖励、对坚持旧习惯进行惩罚，会让激励措施的制定者面对一个可怕的对手——通过学习强化的多巴胺通路。新的激励措施可能很难取得进展。但好处是，当激励措施的制定者能够创造一种文化，即一系列由他人的行为所强化的行为时，他们就可以期待这种文化可以一直存在下去。

> **小故事**
>
> ## 一个男人味儿十足的玩笑
>
> 2013 年，我的腹部开始疼痛。原因是我变胖了，西装裤已经不合身了，裤腰紧紧地勒住我的腹部。
>
> 一年过去了，我变得更胖了。我每天都坐在办公室里工作，而且几乎每天下午，我都会瘫坐在转椅上，把一包巧克力豆（984 千焦）倒在我的桌子上，并把它们按颜色分类，然后开始狼吞虎咽。有几次，我会在几个小时之内吃光一包饼干（4320 千焦）。
>
> 令人震惊的是，坐在转椅上转圈、用鼠标点来点去都不足以抵挡住那些巧克力糖果的诱惑。重复这个步骤的结果就是体重秤上的指针沿着顺时针方向移动，直到它指向惊人的 80 千克。我开始穿牛仔裤上班，因为我的西装快被撑爆了。
>
> 我步履蹒跚地度过了整个冬天。我工作的报社在一家超市的对面，这家超市刚开业，卖很多价格便宜的零食，所以我经常去看看有什么特价商品。
>
> 有一天，我带着零食从超市回来，看到时任澳大利亚总理陆克文（Kevin Rudd）从报社大楼出来，后面跟着其他报社的记者。我的同事都不在，我意识到我可能应该盯着他，以防他会发表什么言论。果然，喜欢在媒体面前滔滔不绝的陆克文在路边停了下来，开起了记者招待会。我摇摇晃晃地走过去，开始录下他说的话。
>
> 显然，一位摄影师参加了这场记者招待会，因为一张照片后来被广泛传播。在这张照片中，一个拿着灰色超市塑料袋的男人（也就是我）正为这位杰出的政治家举着话筒。这张照片拍到了我的侧面，我承认画面有些不协调。很少有人会想到记者在从超市回来的路上能采访到如此重要的人物。

## 如何让你的努力获得更好的回报：激励的惊人力量
Incentivology: The Forces That Explain Tremendous Success and Spectacular Failure

我把那张照片拿给我的同事看，希望他们能对我如此积极地工作发表评论。"你看起来很胖。"他们说。

大约在 11 月，我离开了报社，但坐转椅的习惯却很难改掉。那一年就这样草草收场了，我对自己的所作所为感到厌恶和遗憾，我发誓我一定要减肥。

我计划在一个月内减掉 4 千克，从新年开始。2014 年 1 月 1 日，我拒绝用高脂肪食物和软饮料来缓解我时断时续的头痛，而是喝了很多水。我的节食月就这样开始了。

一月份的 31 天就像撒哈拉沙漠一样展现在我面前，但我并不害怕在穿越这片干旱的土地时会失败。驱使我勇往直前的动力是我公开做出的一个承诺。

我在我的博客上写道："如果到 2 月 1 日早上我没有减掉 4 千克体重，我将支付 500 澳元的罚款。"

为了增加悬念，我宣布如果我失败了，我的捐款将捐给汽车爱好者党（Motoring Enthusiasts Party）。我实在不喜欢这个党派。一想到我要捐款给它，我就有了很大的动力，我立志让这个党派一分钱也拿不到，但说不定很快就会有人在我家门口开一家黑格（Haigh's）甜品店。

如果你不熟悉澳大利亚的巧克力和政治，那么请允许我为你介绍一下黑格的甜点和汽车爱好者党。黑格是一种介于牛奶巧克力和黑巧克力之间的高端美味甜品，而汽车爱好者党是 2013 年进入澳大利亚政治舞台的政党，它主张公民拥有改装汽车的自由（有趣的是，汽车爱好者党唯一的议会代表很快就意识到他的工作远不止钻出几个消声器那么简单。他最终在议会中发出了某种理性的声音。如果我预见了这个令人愉快的结果，说不定我早就成为一名相扑运动员了）。

公众的鼓励,加上我在博客上定期公布的体重让我保持目标明确。

每天早上,我开始喝黑咖啡而不再加牛奶;吃杏仁的时候,我开始数颗粒,而不是把一大把杏仁都塞进嘴里;我称了每份酸奶的重量,并阅读各种包装上的卡路里含量……当你开始这样做时,你会学到很多。

我认识到,看起来是一小份的东西可能并不像你想的那样。例如,坚果看起来很小,但热量很高。我还了解到,脂肪之所以声名狼藉,是因为其热量高得惊人。令人惊讶的是,我还了解到,推荐的每日卡路里摄入量远远低于我吃进肚子里的。我把我吃的每样东西都记录在手机里。以下是节食的第五天的饮食。

牛奶果蔬燕麦片:约 1000 焦。

咖啡:约 200 焦。

油桃:约 80 焦。

三明治:约 1500 焦。

坚果:约 700 焦。

果汁饮料:约 400 焦。

番茄烩鸡肉:约 3000 焦。

共计:约 7000 焦。

那段时间,我吃的食物很有代表性。有些时候我吃得少一些,有些时候我吃得热量高一点。当你第一次节食时,你的体重似乎很快就下降了。那是水的重量,还是什么发生了转化?不管怎么样,你都可以在第一周内减掉 2 千克。我不知道这是为什么。

但从那以后,情况变得有些复杂。有时下午我会头痛,工作效率会直线

## 如何让你的努力获得更好的回报：激励的惊人力量
Incentivology: The Forces That Explain Tremendous Success and Spectacular Failure

下降。但我学会了忍受饥饿，接受了它本来就会存在的事实（请注意，那是2014年，当时还没有人听说过"正念"这个概念）。

最终，痛苦得到了回报。体重的变化不仅在秤上可见，而且在镜子中也可见。我曾经引以为傲的强健的胸肌不再那么剧烈地晃动了，腰上的"游泳圈"也从山地车轮胎的宽度变成了混合动力自行车轮胎的宽度。

事实上，我仅用了一周多的时间就达到了目标体重，实现了我的目标。失败的巨大威胁笼罩着我，再加上我每天都会更新体重数据，这意味着朋友和熟人参与了整个过程。这个过程很艰难，我很孤单，而且我很饿。但在社交方面，这个过程充满了乐趣。在向《卫报》(the Guardian) 投了一篇关于我减肥的稿件后，我又给我的整个经历补充了一篇后记。他们同意在网上发布这篇文章，这让我很高兴。但问题接踵而至，因为他们用了这样一个标题：我是如何通过承诺捐钱给我厌恶的政党来减肥的。

评论区沸腾了，因为有人不喜欢我这个绝妙的计划，他们认为我的减肥计划是个骗局。"你难道找不到比你厌恶别人享受他们的爱好更好的动力了吗？这真的很让人伤心，我觉得你的心理可能有问题。"一位网友这样写道。

这种反馈激怒了我，因为我从未公开表示过我讨厌汽车爱好者党。我一直都非常慎重地选择我的用词，从来不带有仇恨。我曾写道："他们无法理解我的感受。一想到要给他们寄钱，我就不寒而栗。"可能是因为这些慎重的用词很难理解，《卫报》的一名副主编在标题中使用了"厌恶"这个词，所以"厌恶"的人不是我，是那位副主编！虽然我可以尽情地对他咆哮，但那时的评论区里已经有100多条类似的评论了，显然已经没有改变这种状况的意义了。

顺便说一句，记者和副主编在标题问题上的分歧正是出现大量具有误导性的新闻标题的原因。那么，为什么这个问题还没有得到解决呢？一种可能的原因是，报纸版面可能有限，副主编认为读者可能不需要知道是谁定了标题。还有一种说法是，这似乎让记者们有了推卸责任的本事，他们在某种程度上知道，有时最吸引人的标题会掩盖真实的故事内容。这种激励结构很糟糕。

让我们再来看看那些对我紧追不舍的评论家们。"你怎么能厌恶一个你和其他人都不了解的政党呢？或者你只是一个歇斯底里的疯子，只对最热门的话题有极端的情绪反应？"一位评论者这样问道。

我觉得最好的回复来自一位名叫马拉桑格拉的评论者，他彻底打乱了我的整个计划。他写道："如果杰森·墨菲这个月能瘦下来，我就捐2000澳元给汽车爱好者党。"

我们不知道这个人是否真的这样做了，我希望他没有，但这是一个睿智的、鼓舞人心的尝试，他试图通过使用某种手段来激励我。这就是蝙蝠侠对小丑的感觉吗？我不确定，但我感到非常亲切。当我想象马拉桑格拉在评论区写下这句话的时候，我还是会笑。

评论区中还有一个令我难忘的人，他把我的努力形容为"一个男人味十足的玩笑"。这句话给我的夫人留下了深刻的印象，以至于每当我开始做一些她认为有点愚蠢的事情时，她就会跟我说这句话。

## 第二部分

# 生活中的激励学

INCENTIVOLOGY

The Forces That Explain
Tremendous Success
and Spectacular Failure

# 第 6 章

# 比一块面包还要便宜的面包机

在第二部分中，我们将深入了解几个主要的激励机制的核心概念。我们将从一个非常有名的激励机制开始：价格机制。我们将会明白，价格不仅仅是我们需要关注的一个数字，它还是管理我们的一个重要的激励机制。

那是 2011 年，我住在市中心的边缘。这一带是时尚达人的聚居区，酸面包很有名。只要想起酸面包，我的舌尖就开始发酸。

最好吃的酸面包出自一家叫丹奇的面包房。时尚达人们会从几英里外来这里买面包。每天上午 10 点半左右，街上挤满了从丹奇骑车回家的人，他们的老式钢架自行车的车把上都挂着一个长条面包。

但丹奇让你付出了代价。当你带着一个长条脆皮酸面包走出丹奇面包房时，你会发现自己少了 8.2 澳元，而从街对面的超市买一个你完全可以接受的长条杂粮面包只要 3.5 澳元。这是一个艰难的选择。我很想吃美味的酸面包，但我又很节俭，不想浪费钱。

我经常需要在好吃的面包和便宜的面包之间做出选择，但随着时间的推移，我逐渐适应了面包的价格。我一直在想一个问题：酸面包的价格是如何变得这样高的？终于有一天，我找到了答案，有人告诉了我伍尔沃斯超市出售的烤面包机的价格。

那是一个完全真实和正常的、符合澳大利亚标准的价格——7.99 澳元！这太

## 如何让你的努力获得更好的回报：激励的惊人力量
Incentivology: The Forces That Explain Tremendous Success and Spectacular Failure

令人难以置信了。我不得不提醒你，这比丹奇的一个长条酸面包还便宜。比一块面包还便宜的烤面包机？这种由重型钢铁、复杂金属和高度精炼的石化物质组成、在数千英里之外的一个令人难以想象的外国工厂里制造的设备，其成本能低于面粉和水的简单混合物吗？

我在这个令人难以置信的真相面前摇摆不定。

现在，我并没有意识到这是两个类别的极端。在澳大利亚，很多人仍然喜欢花 1 澳元在超市里买一个面包。与此同时，也有很多人愿意买售价为 499 澳元的玛捷斯（Magimix）牌烤面包机（它有可视玻璃窗口，你可以看到你的吐司一点点地变成金黄色）。我丝毫不会怀疑烤面包机和面包价格的维恩图只有一点点交集，但我心里仍然燃烧着一团强烈的火焰，它告诉我这两样东西不应该产生交集。

但它们还是产生交集了。

在悉尼，一家名为 Sonoma 的高档面包店以 14 澳元的价格销售酸面包。我不禁会这样想，每个面包差不多值两个烤面包机的钱。

当时我是一名财经记者，所以我写了一篇关于这种价格情况的短文。我研究了惊人的面包通胀（面包容易变质，因此必须在澳大利亚国内生产），并将其与小家电（产自中国东南部地区）价格上涨乏力进行了对比。

我采访了我们当地面包店的管理人员。丹奇面包店的运营经理告诉我："面包的主要原料是面粉和水，这些算不上成本。把面粉送到我们这里，以及花钱请人来制作面包才是真正的成本。"

丹奇酸面包价格昂贵的原因很复杂，如当地工资和交通等综合因素。烤面包机价格便宜的原因也有很多。这触动了人们的神经，人们开始经常谈论它。

价格是人们关心的事情。人们喜欢吹嘘自己买到了便宜货，但矛盾的是，他们也喜欢巧妙地让别人知道他们使用的东西有多昂贵。

经济学家将价格置于研究世界如何运转的核心位置，但它对人的作用方式往往被掩盖起来了。我研究了价格、激励、面包和烤面包机很长时间才完全明白，价格不仅仅是一种激励，更是一个完整的激励体系、一个庞杂且伟大的体系。

## 价格是我们永远的伙伴

价格从一开始就是人类社会的特征之一。考古学家发现的最早的文字是用来写收据的。其中一件值得注意的物品来自公元前 5000 年的古美索不达米亚，那是一张用楔形文字书写、压在黏土上的衣服收据。

有人说，价格与文明的共同进化并非巧合。著名经济学家弗里德里希·哈耶克（Friedrich Hayek）说，我们无意中发现了价格机制，却并不了解它。他认为这是非常幸运的，因为价格能让人类最好地组织社会和经济。也就是说，价格使文明得以发展。

他不会是把因果关系写反了吧？难道不是文明促进了价格的发展吗？哈耶克认为不是这样的：

> 那些喜欢嘲笑这一观点的人通常歪曲了这一观点，他们暗示说，正是在某种奇迹的作用下，价格机制才自发地发展起来，以适合现代文明。而事实却恰恰相反：人类之所以能够建立起作为我们文明基础的劳动分工，是因为他们碰巧发现了一种使其成为可能的方法。

这是一个很伟大的主张，但是我举双手同意。

哈耶克论证了两件事：一是价格机制并不是人类有意发明的；二是文明的繁荣依赖于价格。我们是这一偶然事件的真正受益者。

价格早于货币出现是完全正确的。价格实际上只是用另一种东西来表达一种东西的价值。即使是物物交换也需要一定的价格，如一只羊换一双鞋，等等。

# 如何让你的努力获得更好的回报：激励的惊人力量
Incentivology: The Forces That Explain Tremendous Success and Spectacular Failure

人们以物易物得到各种各样的商品，从只够吃一天的牛奶和面包，到耐用的工具和原材料。以物易物换取耐用的物品可能是货币得以出现的前提，如果这些物品能够持续使用，就可以保存起来，以后再用来以物易物。货币的发明刺激了价格机制。你如果仔细想想就会发现，钱只不过是一张白条，用于将来的某个时候与陌生人进行物物交换。这是一个巨大的进步。

以货币表示的价格给了我们与更广泛的人群进行交易的巨大自由，它使我们能进行更多、更好的交易。最终，它让我们不再是多面手，而是专家。种苹果的农民、铁匠和裁缝等专业化工作之所以存在，是因为价格让我们能够高效地交易。我们不必自己种苹果，自己打铁，自己缝制衣服，生活也能更美好。当我们变得专业化时，我们可以改进工作方式。当我们交易我们的产品时，每个人都能从这种改进中受益。

在某种程度上，城市的发展是因为你能找到更多的客户，你就能进行更多的交易，你就能更加专业化。另一方面，生活在城市让你有机会接触到更多由更专业的工匠制造的商品。价格协调了这个过程。这就是哈耶克所描述的"价格机制帮助我们创造了现代世界和文明"。

激励机制和价格机制显然有很多共同之处。对卖方而言，这个机制很简单：卖出你的产品，并得到金钱回报。如果金钱回报足够多，卖家就会增加产量，他们还会努力使产品更便宜。对买方而言，恰好相反：付出金钱，得到商品。到目前为止，这一切都很明显。

有趣的是，这种激励可以同时发挥双向作用——买方和卖方都受到相同价格的激励，这是因为买卖双方对商品的主观价值不同。对卖方而言，商品的价值低于价格；而对买方而言，商品的价值高于价格。人们对商品主观价值的这些差异是交易的必要条件。如果每个人对每件东西都有相同的主观价值，就不会有东西易手了！

价格对买卖双方同时起激励作用，它促使双方朝着同一个方向进行交易。如果他们卖得不够多，卖方就会设法压低价格；如果他们买得不够多，买方就会设法赚更多的钱。价格的双重效应是偶然激励机制的一个特别偶然的特征。并不是所有的激励机制都能同时作用于对多方，并鼓励他们合作。

价格激励如此强大的另一个原因是它不需要集中协调。这并不是说我们不应该监管某些价格，也不是说我们不应该这样做。价格机制几乎可以在任何地方出现并自我调节。这些特征既令人印象深刻，又令人惊讶。但这并不意味着价格机制是神奇的或完美无缺的。事实上，这种非常强大的机制产生了一些强大的副作用。

## 价格机制的副作用

正如我们在第一部分中看到的老鼠尾巴赏金会让人们去捕鼠一样，价格世界也让人们去追逐金钱。有些人光明正大地赚钱，我们称他们为企业家；有些人试图交出田鼠的尾巴来获得奖励，我们称他们为造假者；还有一些人试图通过种地赚钱，就像越南人养老鼠一样，我们称他们为投资者。

不过这种类比并不合适，因为与越南的养鼠人不同，投资者并没有完全破坏价格机制的意图；相反，他们在一定程度上巩固了价格机制，并提供了企业发展所需的资金，有助于整个经济的运行。这就是哈耶克所说的价格机制有助于创造文明，它不仅鼓励有益的交易，它的一些副作用也是有益的。

价格机制是自然演变的，它倾向于抵抗被控制：当政府试图废除某些价格机制时，事情往往会迅速变得混乱不堪。事实已经证明，一个社会不可能控制所有东西的价格（这并不是说政府不应该控制某些东西的价格）。

在很长一段时间里，价格并没有得到学术界太多的关注，也许是因为它们看起来是如此自然，以至于很难被注意到。经济学作为一门学科，比历史、医学或自然科学晚了几千年才出现。第一个真正对价格进行思考的人是亚当·斯密（Adam Smith）。

亚当·斯密是苏格兰启蒙运动的成员，也是最著名的早期经济学家之一。他认为价格应该与投入的成本有关。

亚当·斯密认为事物有一个"自然价格"：

> 当任何一种商品的价格既不高于也不低于足以支付土地租金、劳动力工资以及用于筹集、准备和上市的股票的利润时，根据它们的自然水平，这种商品就会以所谓的自然价格出售。

这是一个合乎逻辑的理论，虽然在某些情况下适用，但他忽略了所有经济学中最重要的概念：供给和需求。直到20世纪，人们才对价格的本质有了更深入的了解。

哈耶克在1945年发表了最著名的价格分析报告。虽然这份报告很好，但我在引用时仍然感到紧张。哈耶克名声在外，他受到社会上一小部分人的狂热拥趸，被视为一位特别注重意识形态的经济学家，因为他写了很多与价格无关的东西。

哈耶克可以看到一个偶然性激励机制可以发挥作用的所有方式，他狂热地相信那些能够在没有控制实体的情况下运行的去中心化系统，并无可救药地爱上了自由市场。但哈耶克未能或不愿看到这样一个去中心化系统可能会在很多方面面临失败。

杰出的经济历史学家J.布拉德福特·德龙（J. Bradford DeLong）认为自己看到了三个哈耶克：

1. 绝对聪明的"价格机制即信息"整合者哈耶克；
2. 绝对疯狂的商业周期"清算主义者"哈耶克；
3. 绝对错误的"社会民主是邪恶的"哈耶克。

## 第 6 章  比一块面包还要便宜的面包机

> 第一个哈耶克是天才，第二个哈耶克是白痴——无论在理论上还是在经验上，他都无法使自己的论点连贯一致，但他一直在加倍努力，最终导致他名誉扫地。第三个哈耶克是错误的——我认为他被意识形态事先蒙蔽了双眼，而其他人则认为事实证明哈耶克是错误的。问题是，现代的哈耶克主义者基本上对第一个优秀的哈耶克不感兴趣，而只对第二和第三个哈耶克感兴趣……

接下来，我们将详细地介绍优秀哈耶克的"天才"部分，并展示为什么错误和疯狂的部分是错误和疯狂的。这两个方面都说明了激励的力量。

哈耶克的好主意是看看价格是如何形成的，他认为价格汇总了来自四面八方的信息。如果一场风暴袭击了澳大利亚昆士兰的香蕉田，香蕉的价格就会上涨。它没有向买家提供关于风暴的最大级别或被毁坏的香蕉树的数量等详细信息，只是把所有的信息汇总成一个更高的价格。

哈耶克在以下一段文字中也提出了同样的观点。他来自奥地利，出生于 19 世纪而不是 20 世纪的澳大利亚，他选择了锡而不是香蕉作为他的例子。

> 假设在世界的某个地方出现了使用锡的新机会，或者锡的一个供应来源已经消失。这两个原因中的哪一个使锡变得更加稀少对我们而言并不重要。锡的使用者只需要知道，他们过去消费的一些锡现在被用在其他地方更有利可图，因此他们必须节约使用锡。他们中的绝大多数人甚至不需要知道哪里出现了更迫切的需求，也不需要知道他们需要做些什么来满足供应。

香蕉或锡的价格上涨会使需求量下降，直到人们想购买的香蕉或锡的数量大致等于可供出售的数量。价格会根据供应量发生变化。

哈耶克对价格影响交易量的这一论断非常正确而且令人印象深刻，人们能够购买的数量就等于卖方能够提供的数量。之前我说过哈耶克的分析很好，事实也的确如此。不过，他那篇关于价格即信息的著名文章中缺失了大量内容，比如供给呢？供应情况如何？

在对锡的讨论中，哈耶克并没有提到价格上涨如何对锡的供应商和潜在供应商产生同样重要的影响。如果它们能从仓库中拿出锡，或者从其他地方买到一些锡，那么现在就是这样做的好时机。价格不仅使人们节约使用锡，而且让人们提供锡。价格对市场双方都起到了激励作用。

我们将在下面这段文字中看出他对需求方的热情。人们可以想象当他看到这对双方都产生影响时，他会多么兴奋。

> 令人惊奇的是，在这样一种原材料稀缺、没有发布命令、可能只有极少数人知道原因的情况下，数月的调查仍无法确定消息的准确性，数万人被迫更谨慎地使用这种原材料或产品。他们正在朝着正确的方向迈进。我相信这是人类有意设计的结果，如果受价格变化引导的人们明白，他们的决定的意义远远超出了他们目前的目标，那么这种机制将被誉为人类思想史上最伟大的成就之一。遗憾的是，它不是人类设计的产物，受它引导的人们通常不知道他们为什么要做他们所做的事。

哈耶克对价格的热爱是那么纯粹而热烈，但下面这段文字会给我们一些线索，来找到他有其独特盲点的答案。

> 那些大声疾呼要有意识方向的人应该记住，问题恰恰是如何扩大我们对资源的利用范围，使其超越任何一个头脑所能控制的范围；如何摆脱意识控制的需要；如何提供诱因，使个体在不需要任何人告诉他该做什么的情况下做自己想要做的事。

哈耶克的意思是我们应该相信价格机制，而不是要求一个社会告诉其成员该做什么。这种反驳对于理解哈耶克非常重要：他在反驳中央计划经济的呼声。1945 年，哈耶克在一篇名为《知识在社会中的运用》(*The Use of Knowledge in Society*) 的论文中发表了上述言论。他执迷于市场如何传递信息，是因为他在学术界的对手认为中央计划经济在处理信息方面更胜一筹。相比较而言，哈耶克似乎更相信市场体系，而在很多市场中，他是对的：市场经济比中央计划经济更有效。

但哈耶克进一步承诺要建立一种分散式价格机制，他认为几乎政府的任何计划都会导致暴政。他反对各种强大的政府，坦率地说，他走得太远了。

我们应该可以从哈耶克写作时所处的时代找到原因。在他写作时，法西斯主义盛行。一个在第二次世界大战期间写作、出生于奥地利的人可能有理由怀疑中央集权和强大的政府。当然，在战争期间庇护哈耶克的英国政府也是相当中央集权的，但它最终站在了自由的一边。权力既可以用于行善，也可以用于作恶。

制定和执行大型集中的激励计划的能力当然是权力的一种形式，并不是所有的集中权力都得到了公平的使用。哈耶克认为这是不可能的，但这一观点过于悲观了。政府可以成为集权的工具，而不是邪恶的霸主。事实上，我们需要采取集权来走出一些由偶然激励和不当激励所造成的陷阱。我们需要法律、规则和制度来帮助我们绕过这些陷阱，而事实已经证明，政府可以提供很好的控制。

作为他怀疑权力的必然结果，哈耶克在为小人物的重要性辩护时写道：

> 现在，"科学知识不是所有知识的总和"这种观点几乎是异端邪说……然而，实际上每个人都比其他人有一些优势，因为他掌握着可以得到有益于利用的独家信息。

哈耶克的观点是，经济中的不同参与者拥有的信息让价格激励发挥了作用。这真的是一个很好的、可以延伸到价格之外的观点。我们将在后面的章节中看到类似的内容，它不是通过自由市场组织起来的。分散的信息可以通过激励方案（甚至不是价格的激励方案）被利用，这使哈耶克的观点更具说服力。

哈耶克好像发现了什么。价格机制作为一种激励机制，之所以能如此出色地发挥作用，是因为基层小人物可以不断地调整它。事实证明，不断调整对激励机制是至关重要的，我们将在接下来的章节中详细解释。

商人一直在调整价格。多高的价格才算太高？答案在不断发生变化。哈耶克认为，数百万个体卖家对持续的价格变化起到了协调作用，这样我们就可以放松下来，不必担心价格系统是如何运行的。

哈耶克喜欢引用另一位哲学家阿尔弗雷德·怀特海（Alfred Whitehead）的话：

> 我们应该养成对我们正在做的事情进行思考的习惯，这是一个极其错误的真理，所有的书籍和知名人士在发表演讲时都在重复它。事实恰恰相反，文明的进步是通过增加我们可以无须思考就能完成的重要操作的数量来实现的。

这是一句简洁的格言。我们在使用东西时都不用操心它们是如何工作的，厨房长凳上的咖啡机对我来说是个谜，家里的电子设备更是如此。但是，尽管不考虑激励因素对那些被价格引导去购买某种咖啡豆的人来说是件好事，但是如果没有人研究或者监督，那么任何价格机制或任何激励体系都不会完美地运行。

即使是最好的激励机制也需要监督，因为所有的激励机制都可能产生意外的激励，它们可能被利用，可能开始衰落。如果我们让经济完全靠自己运行，那么生产力可能会令我们吃惊，但很快我们就会发现自己身处另一种糟糕的境遇，可能面对污染、低质量的产品、贫困等问题。经济体系善于匹配供给和需求，而并不关心在这个过程中会造成什么样的混乱。

当然，自由论者和自由市场主义者通常希望经济能够不受干扰地运行。他们引用了哈耶克的观点，也提到了亚当·斯密。亚当·斯密的"看不见的手"是一个比喻，经常被用来论证经济在没有监管的情况下能自我发展得最好。你可能已经听过"看不见的手"很多次了，但你可能还不知道它的由来。以下是它的出处。

> 比起国外工业，他更喜欢得到国内工业的支持，他只想保证自己国家的安全；他以这样一种方式指导工业，使其产品可能具有最大价值，他只

想获得自己国家的利益。在这一点上，就像在很多其他情况下一样，他被一只看不见的手所引导，达到了与他的意图无关的目的。他不是社会的一部分，所以对社会来说，这并不总是坏事。比起在真正出于本意的情况下促进社会的利益，追求个人的利益往往能让他更有效地促进社会的利益。我从未见过那些假装为公众利益而交易的人做过多少好事。事实上，这种装腔作势的行为在商人身上并不多见，几乎不需要用什么语言来劝阻他们。

人们引用这段话时通常没有"比起国外工业，他更喜欢得到国内工业的支持"这句话。考虑到这一点，我们明显可以看出斯密实际上并不主张自由企业，甚至不主张在不征税或关税的国家之间进行完全自由的贸易。他主张人们投资自己的国家，即使他们在国外投资可以赚更多的钱。从某种意义上说，他反对受市场力量的引导。

斯密还有一句非常有名的话，更好地说明了人们在引用"看不见的手"时的想法。斯密认为，价格激励机制是组织社会的一种极好的方式。

在几乎所有其他种类的动物中，每一个个体在长大成熟时都是完全独立的，在自然状态下，它们不需要任何其他生物的帮助。但是人几乎总有机会得到兄弟们的帮助，而仅仅指望他们仁慈地提供帮助是徒劳的。如果他能让他们的利己对他自身有利，并向他们表明，为他做他要求他们做的事对他们自身有利，他就更有可能获胜。任何向他人提议以任何形式进行交易的人都会这样做：给我我想要的，你就会得到你想要的。这正是每一个这样的提议的意义。正是通过这种方式，我们从彼此那里获得了我们所需要的大部分满足。我们的晚餐不是屠夫、啤酒酿造商或面包师的恩惠，而是他们对自身利益的考虑。我们从不向他人乞求怜悯，而是诉诸他们的利己心。我们从不与他人谈及自己的需要，而只是谈及对他们的好处。

我非常喜欢这句话。它是经济学的核心原则之一，正是它给了我写这本书的动力。如果你能提供正确的激励，你就能看到令人满意的行为，不管是善意的还是其他的行为。经济体系提供了一些正确的激励措施。

但我也反对这种观点走得太远。虽然屠夫、面包师和啤酒酿造商的利己主义让斯密一家吃饱了饭，但这并不意味着他们可以肆意妄为。利己主义可能会导致啤酒酿造商给啤酒加水、面包师给员工低工资或者屠夫把垃圾扔进河里。当我们监督和约束个人利益，以确保我们的利益不会与他人的利益相冲突时，我们的利益才与共同利益最一致。

更重要的是，随着企业的发展，引导企业行为的需求也在增长。斯密在250年前写道，当时大多数企业都是小工匠，很多政府都是强大而危险的。帝国东印度公司被排除在这里的小工匠行列之外。值得一提的是，斯密对它们贪婪、垄断的商业模式持批评态度。当他谈到价格机制的魅力时，他总是赞美小人物）。如今，几家大型跨国企业的实力超过了除少数几个政府以外的其他所有政府。价格激励机制的魔力可能会将一位小面包师的自身利益转化为一种有益的力量，但大型跨国企业的自身利益却是个棘手的问题。

价格是安排世界的一种强有力的方式，在某种程度上，它们在没有监管的情况下发挥作用，但这并不意味着我们可以坐视不管，让经济自由发展。企业降低价格的一些方法非常高明。例如，如果它们发现了一种新的电池化学物质，那么手机可以更便宜。当然，一些方法也会有缺点。例如，一些企业会降低员工工资，或者不会花钱改善安全的工作环境。它们还努力占领市场，这样它们就可以在不考虑竞争的情况下制定价格，并吞噬诱人的利润。

## 激励有时会影响一些人

激励的作用是随机的，也就是说我们不知道它会影响谁，但我们知道它会影响某个人。换句话说，它不会对每个人都起作用，但总体上，它的影响是可预测的。

每个人或企业都是自由的，但激励因素无情地影响着他们的选择。即使是最严格的激励措施也不会对每个人都起作用；相反，即使最不起眼的激励措施也可能刺激到少数人。在商业环境中，这意味着如果有机会通过将工资降低至法定水平以下来提高几个百分点的利润，就会有一小部分企业这样做。

随着世界变得越来越大、越来越复杂，激励的效果也变得越来越重要。如果一种系统诱使千分之一的人行为不端，那么最初这可能不是一个有任何相关性的问题。但随着世界人口越来越多，即使是偶然的、不当的或缺失的激励，也会造成严重和具有社会影响力的问题。经济学家通常将这些副作用称为"外部性"。在此，我仅用一个例子来说明。科学家们普遍认为，向大气中排放二氧化碳正在导致全球变暖。

经济增长给人类带来了福祉。随着越来越多的人能够负担得起食物、干净的水、电力、教育和卫生设施，人们的生活水平正在逐步提高。但随着经济增长，我们可以看到越来越多的激励措施失败了，这影响了我们的生活水平。识别和应对这些失败变得越来越重要。

## 第 7 章

# 疯狂的交易和疯狂的奢侈品

我们家喜欢吃脆米饼。这是一种圆形小饼干，包装上写着"烘烤，非油炸"。我对脆米饼并没有太多的想法，正如薯片是给那些自认为很健康或吃过很多美食而不吃薯片的人准备的。我们尚不清楚脆米饼究竟是如何在我们的生活占据了如此重要的位置并填满了超市货架的，但这并不重要，重要的是它们仍在提供含盐的碳水化合物，还让我们觉得自己在精心选择食物。

当我看到超市货架上每包 0.90 澳元的脆米饼时，我就忍不住要买到手。最令人惊讶的是，这些极其便宜的零食来自世界的另一端。我们完全可以在本地种植或生产某些食物，但现在它们是从那么远的地方运来的，这似乎是一种疯狂和浪费！

我理解这种观点，但我怀疑很多人并不知道食品生产所面临的压力有多大。航运业已今非昔比，其效率非常高，而且发展非常迅猛。

## 价格激励的深远影响

集装箱是一项了不起的发明，它们使运输货物变得容易。1955 年首次使用的现代多式联运集装箱大幅地降低了运输成本。波罗的海指数（Baltic Dry Index）是衡量海运价格的一个指标。海运价格多年来一直在下跌，与此同时，航运业的运量在不断增加。2000 年,2.25 亿个相当于 20 英尺[①]的集装箱通过了世界各地的港口;2017 年,海运集装箱的数量是这一数字的三倍多。

船运越来越受欢迎,因为运费变得越来越便宜。让我们回过来头来看看廉价的脆米饼,并计算一下运费占成本的比例。

从上海航运一个集装箱到澳大利亚的价格很低。虽然价格不等,但一般会低于 500 澳元。一个标准箱(相当于 20 英尺单位)大约有 30 立方米的空间。一艘船可以装载 20 000 个这样的集装箱,这使一次航行的收入高达 1000 万澳元。

假设你能在一个 20 英尺的集装箱中装 10 000 包脆米饼,另外还要考虑 500 澳元的着陆成本(记住,杂货批发商正在批量购买装卸服务),这就是 1000 澳元的运费,需要 10 000 包脆米饼分摊,每包只要 10 澳分。当价格如此低时,是美元还是澳元也就无所谓了。难怪它们可以卖到每包 0.90 澳元。那些更贵、更小的商品(比如橄榄罐头)的进口成本相对而言就更不重要了。

航运业是一个很好的例子,足以说明看似微不足道的价格激励必然会缓慢地重塑世界。为什么美国制造业的工作岗位很少?因为运费很便宜。把工作机会转移到其他国家有商业意义。每件产品只需节省几美分的制造成本就可以让整个工厂搬迁。为什么澳大利亚不再有汽车工业了?因为运费很便宜。在这里生产汽车的运输成本优势微乎其微,不可能超过在泰国生产汽车的成本优势(澳大利亚 1/4 的汽车是在泰国生产的,使用的劳动力的月工资约为 550 澳元)。

如果世界各地的其他成本投入都相等,那么低廉的运输成本也就无关紧要了,但廉价航运的出现使得寻找投入成本低的地方并在那里生产变得值得。因此,烤面包机比面包便宜的原因是不仅运费便宜,而且在其他国家制造也便宜。

我认为,过去 20 年全球政治的变化可以用航运成本下降所引起的产业变化

---

[①] 1 英尺 =0.3048 米。——译者注

来解释，当然这是部分原因。价格激励是一种非常强大的力量。当价格变化时，世界也会随之变化。

工程机械的发展可以很好地解释为什么现在航运更便宜。集装箱当然功不可没，而且我不想否认物理变化的重要性，但是我希望我们能把注意力转移到它们改变激励机制的方式上。卓越的工程技术在一定程度上解释了这些发生了改变的激励机制，但同时这些激励机制却以工程师们从未想象过的方式在世界各地发挥了作用。

正如我们在第一部分中提到的法国下水道系统一样，集装箱运输是一种合理、现代和优化的方法，适用于货物运输。全球贸易是一个联结我们所有人的大系统，就像一个下水道。正如法国下水道系统的功能，船运有多种结果。它以我们想要的方式进行，也产生了一些我们意想不到的副作用：大量船只向大气中排放污染物（它们使用的柴油是世界上最肮脏的燃料，有人声称，在硫排放方面，16艘大型船只的排放量相当于世界上所有汽车的排放量总和），以及重大的工业变革，甚至全球政治变革。

我们还应该关注船运的另一个方面，因为它给我们上了非常生动的一课，并告诉我们价格激励可能具有破坏性，即运费会受到船只注册地的影响。船主们喜欢选择"方便旗"，它是一个描述税收最小化的航海术语。

很多船只都会选择在巴拿马注册，因为那里的税收只是美国或澳大利亚的一小部分，而且海事法规也很简单（方便旗还能帮助船主规避其他法律——最早在巴拿马注册的外国船只有在禁酒令期间注册的美国船只，那些船上装满了烈酒）。这对其他想要对航运企业征税的国家来说是个问题，业务流动性大的企业可以迁移到世界上任何它们喜欢的地方。

在本书的后面部分，我们将看到激励机制是如何演变的。适者生存，弱者出局。但对于人类而言，使激励得以存在、发展甚至被复制的适应性并不等同于实用性。

低税收可以被描述为一种在进化意义上合适的激励机制。如果一个司法管辖区减税，企业就会去那里，而其他司法管辖区则不得不参与这场竞争，"向下竞争"就是一个用来描述这种情况的术语。当税收过高时，这种竞争可能会有所帮助，但仅限于一定程度。低税收并不总是一个好主意，因为政府需要收入来正常运转。

抛开税收不谈，巴拿马也是注册船只的便利之地，因为很多船只在从大西洋经巴拿马运河前往太平洋的途中都会路过这里。

巴拿马运河本身就有一个关于激励的力量的有趣故事，当然，修建它是为了降低运输成本。法国人在 19 世纪末开始修建它。虽然几十年前在埃及修建苏伊士运河是法国的胜利，但在巴拿马，情况就不同了：劳动力枯竭了（数万人死于痢疾和疟疾），钱也花光了（愤怒的投资者们损失了数亿美元），最终美国人接管了这项工程。

巴拿马运河不应被低估。它很宽、很长，流经一些地势崎岖的区域。早在它建成的 200 年前，苏格兰人就曾试图修建一条 80 千米长、跨越大西洋和太平洋的陆路，但由于当时条件有限，他们没有成功。开凿这样一条运河是一项规模惊人的工程，以 1914 年的货币计算，它花费了 3.5 亿美元（现在大约是 100 亿美元）。连接太平洋和大西洋的动机显而易见，船主向船只收取的费用将接近（但绝对达不到）绕到南美洲南端航行的费用。美国政府最终得到了运河所在的土地，并在 20 世纪慢慢将权力移交给了巴拿马。1999 年，运河才完全成为巴拿马运河。

太平洋和大西洋之间的这条大通道向我们展示了价格激励的影响有多深远。为消费者提供更便宜的脆米饼的愿望不仅促使企业削减成本，而且促使人们在地球表面开凿出一条又长又宽的运河。这就是我们有时会蔑视低价的原因，这个原因令人震惊。

## 奢侈品的难题

我们已经确定价格机制比哈耶克所理解的要强大得多。高价虽然抑制购买，但鼓励生产；低价鼓励购买，但抑制生产。激励机制不仅平衡了保持商品产量和购买量大致相等的力量，而且引起了变革。

当然，还有另一种方式可以让这种万能的价格机制颠倒过来，甚至变得非常可笑。女士们、先生们，现在有请酩悦·轩尼诗 – 路易·威登（Louis Vuitton Moët Hennessy，LVMH）集团。

离开香榭丽舍大街和成群的美国游客，我们向河边走去。你现在在巴黎最昂贵的区——第八区。当你在这座光之城的狭长地带穿行时，金钱堆积如山，而在蒙田大道上，金钱堆起的山最高，这里就是远近闻名的右岸地区。油漆是新刷的，建筑是无可挑剔的，树上的叶子闪烁着耀眼的光芒，德国汽车的引擎发出轰隆隆的声音。巴黎的这一区无懈可击。

蒙田大道 22 号美丽奢华，绿树成荫，这里是 LVMH 集团的总部。这个集团经营着一家每年收入 450 亿欧元的全球企业，仿佛在无情地嘲笑着哈耶克推崇的价格机制。LVMH 是一家奢侈品牌公司，而奢侈品牌所做的就是颠覆价格激励的逻辑。

2018 年，LVMH 集团的营收同比增长 10%，其产品的毛利率约为营收的 67%，利润约为 100 亿欧元。如果说价格机制这台运转良好的机器可以被黑客入侵，那么可以说，LVMH 集团无时无刻不在入侵它。这家公司不仅知道定价过高有时会对我们产生与我们预期相反的影响，而且它们一直在不遗余力地利用这一点。第 6 章提到的神奇、自然和有效的激励机制告诉我们，高价会阻止我们购买，却也让我们充满渴望。看看下面这些商品的价格。

- 路易威登（Louis Vuitton）手袋：6850 澳元。
- 酩悦香槟（Moët & Chandon）750 毫升瓶装：649.99 澳元。

- 轩尼诗（Hennessy）干邑 700 毫升瓶装：5500 澳元。

这些价格会刺激我们的大脑。价格昂贵的东西并不总是能阻止我们想要得到它的决心，我们的行为也并不像哈耶克所希望的那样理智。高价会让不起眼的日常用品（比如手袋）充满吸引力。

哈耶克讲的关于锡的小故事基本上是正确的，但并非总是如此。有一类消费品是人们用来展示的，而不是纯粹为了使用。当我们相信一件商品会影响我们对自己的看法以及朋友、邻居和陌生人对我们的看法时，高价可能会突然变得诱人，这会让我们陷入沉思，思考如何才能得到它。

我们想要昂贵的东西是因为一种被称为"昂贵信号"的现象。这是人类遇到的最大陷阱之一，我们会一头栽进去。

不管你喜不喜欢，人类一直在无休止地竞争，而这种竞争最终与我们本能的繁衍欲望有关。我们都在游戏中，即使我们试着不玩，其他人也会试图和我们玩。人们都希望自己看起来很好，而这种好是相对的。人们想要表现出自己比其他人更善良、更慷慨、更聪明、更强壮、更高、更漂亮、更实际、更勇敢、更坚定、更公正或更富有。

在某些领域，证据是显而易见的。身高是很难隐藏的。遗憾的是，在其他很多领域，我们与生俱来的善良是很难被证明的，我们需要创造一些具体的证据。要证明你很聪明，你不能光说不练，你需要一个博士学位；要证明你很富有，你不能只是说给别人听，你需要有一辆法拉利；等等。最重要的是，你展示的东西必须是不容易伪造的东西。

在动物世界里，雄狮有鬃毛，而雌狮没有。鬃毛实际上会让动物更热，而且鬃毛的生长会消耗宝贵的能量，而这些能量可以更好地用于捕猎。但鬃毛的存在证明了动物有繁殖能力，鬃毛越茂盛、越多，动物就越健康，就越有可能找到配偶并将基因传递下去，这是不容易伪造的。人类就像把能量消耗在鬃毛上的狮子或把能量消耗在尾巴上的孔雀。有时我们买东西也会耗尽我们的能量，也就是说，它们很贵。我们购买它们表明我们有能力得到它们，这与传统的价格激励机制正好相反。在传统的价格激励机制下，商品越贵，人们越不愿意购买。价格机制并不完美。我们没有像哈耶克想象的那样保留商品，而是突然开始炫耀它们。

现在，我知道你要说什么了。你会说路易威登手袋的质量非常好，你有一个，已经用了很多年了，等等。

我相信你说的是真的。当然，昂贵的物品不可能只是昂贵，它必须有一些可以引以为傲的品质，例如，钻石和黄金必须闪闪发光。但在光鲜的伪装背后是购买的另一个原因：它展示了我们在生活中赢得了多少资源。通常情况下，即使对购买者来说，原因也可能是隐藏起来的。我们购买昂贵物品的行为可能会产生其他微妙的信号，比如购买艺术品会彰显你的品位，在高级餐厅用餐表示你对美食有一定的研究，等等。但这些其他因素往往只是对潜在信号的点缀，在每种情况下，潜在信号都是财富。

## 令人疑惑的信号

为了更全面地说明商品的稀有性和价格如何扭曲它们的吸引力，我们有必要回到过去。

我可以在我家附近的美食店里买到鱼子酱，30克一罐，150澳元。白鲟鱼子酱更贵。但是鱼子酱并不总是昂贵的，它曾经和鲱鱼罐头一起被摆放在超市货架上。1897年初，俄罗斯鱼子酱在美国以40美分一罐（2磅，约1千克）的价格出售。它不是什么身份的象征，既便宜又营养丰富。鱼子酱被放在餐车上供应给芝加哥的穷人，每份10美分，与火腿和鸡蛋的价格一样。

但19世纪结束时，由于过度捕捞，鲟鱼数量锐减，鱼子酱的独特性越来越明显。1898年《洛杉矶时报》（*Los Angeles Times*）撰文称，鲟鱼价格的上涨将抑制消费，"1美元一磅的鱼子酱罐头会让大多数消费者望而却步，因此需求是有限的。"

《洛杉矶时报》做出了一个非常合理的假设：当某样东西变得昂贵时，人们就不会购买它。这就是哈耶克所依赖的思想，也是价格激励机制通常运行良好的原因。但对于鲟鱼卵而言，直到鱼卵成为极其富裕的标志，通货膨胀才停止。

为什么鱼子酱会如此特别？一个原因可能是鱼子酱在视觉上是一种与众不同的食物，是一种你可以直接吃的食物。它既没有被塞进香肠，也没有被混到奶昔中。它不能和猪肉或牛肉混淆。它是一种适合在公共场合（通常是在喝香槟时）食用的东西，而不是在家中安静地吃早餐时吃的东西。所有这些特征都使得它一旦变得昂贵，就特别适合于释放出一种昂贵的信号。

为什么我们不会购买高档的洗洁精、高档的人造黄油和高档的牙膏？那是因为这些商品大多是在私下消费的，不太可能成为昂贵的信号。

还记得我们在第6章中提到的美味的酸面包吗？当我招待客人时，我发现自己很容易就能克服在一个面包上花这么多钱的不安情绪。我总是给客人买这种好吃的面包，我可以试着告诉自己，我非常关心他们，希望他们吃到最好的面包。但对我的行为更真实的解释可能是，我在释放这种面包很昂贵的信号。

当某样东西价格昂贵且可以公开消费时，它就会开始表现得像"韦伯伦商品"（Veblen good）一样。现在我们来进一步解释这一点。

## 炫耀性消费

在经济学中，需求随价格上涨而上升的产品被称为韦伯伦商品。这个概念是由美国经济学家托斯丹·范伯伦（Thorstein Veblen）提出的。范伯伦是一个脾气暴躁的挪威移民，还提出了"炫耀性消费"（conspicuous consumption）这一概念，在20世纪，这个概念主导了很多对资本主义的批评。炫耀性消费是指购买他人能够看得到的东西。人们普遍认为，努力购买那些只能被视为财富或品位标志的东西是一种浪费，原因是其他人的消费会抵消他们的利益。例如，如果我为了炫耀而买了一辆豪车，而且其他人也都这样做了，那么我们虽然都花了几千美元，但都没有实现提升地位的目标。我们最好还是买一些我们喜欢的东西。

范伯伦很久以前就研究过这个问题，这一点都不新鲜。但新鲜的是，在21世纪，我们的消费能力是多么地引人注目。社交媒体让我们可以向更多人展示我们的生活。我有一个理论（这是一个我目前还无法验证的理论），那就是Instagram让人们增加了乘坐飞机头等舱或商务舱的额外需求。过去，你在飞机上坐在哪里基本上是你的私事，就像你穿了什么颜色的袜子一样。但社交媒体改变了这一点，如果你在乘坐飞机时发布照片，你肯定希望这些照片以有亮点，比如有可以躺着的床等。我也看到了很多运动员和其他名人发布在Instagram上的一些乘坐头等舱的旅行照片。

就我个人而言，我乘坐飞机时会买最便宜的机票，因为这是在我登上飞机时最划算的机票。当你乘坐飞机时，你真正购买的是到达目的地的方式，每个座位在这方面的表现都是一样的。多花2000澳元并不能让你晚一点起飞或早一点降落。在我看来，为了在12个小时的国际航班上稍微舒服一点，多花那么多钱实在是太不值得了，尤其是当你想到在你降落后，这笔钱能给你带来多少兴奋感或舒适感时。

真正的炫耀性消费包括乘坐私人飞机。我也在社交媒体上看到了音乐家和企业家在私人飞机的狭窄空间中发布的照片，这是一种新的身份象征。拥有私人飞机的企业家甚至发现，他们甚至不用起飞就能赚点外快，因为在私人飞机上拍照的需求非常旺盛，而所有照片都是在地面上完成拍摄的。你甚至不需要用独自旅行来伪装自己。毕竟，每一种激励机制都可以被篡改。

## 奢侈品创造了需求

我们已经确定了炫耀性消费会颠覆传统的价格激励。我们关注的是一些经典的奢侈品牌和商品，如路易威登、鱼子酱和乘坐头等舱。但我担心我给人的印象是，花很多钱买东西是富人和不务正业者的专利，这意味着价格激励中的这个漏洞的范围是有限的。你的个人经验可能会告诉你不是这样的，你是对的。为了让你看到花更多钱的欲望可以影响到任何人，甚至是那些可能真的负担不起的人，让我们暂时把目光从路易威登上移开。

1994 年，詹姆斯·杰比亚（James Jebbia）在美国曼哈顿的格林威治村开了一家名为 Supreme 的小型滑板店。Supreme 从这里走向了世界，就像路易威登一样，在全球范围内享有盛誉。与路易威登不同的是，Supreme 的定位非常年轻化，而且反主流文化。当然，Supreme 也销售滑板服装，但都是限量版，这使得这些服装变得稀有，因此更令人向往。在我撰写本书时，你可以在网上花 1650 美元购买一件 Supreme 的连帽上衣，花 950 美元够买一件 Supreme 的 T 恤。

读这本书的人和购买 Supreme 的人的交集可能有限，所以如果你现在想不起来也没关系。当你了解了巴德尔–迈因霍夫效应（Baader–Meinhof effect），你会开始发现 Supreme 品牌无处不在。

这个品牌推出了种类繁多的商品，但其中一些毫无意义。在我看来，筷子就是这种疯狂的缩影。Supreme 推出了一款塑料筷子，就像你有时会在中餐馆看到的那样，上面印着 Supreme 的标志。我看到一位年轻的消费者在 YouTube 上兴奋地评论它们。在你继续读下去之前，请你猜猜它们的价格。

答案是 170 美元。

Supreme 的标志让最不起眼的商品变得非常受欢迎，价格也变得相当离谱。一根 Supreme 品牌的撬棍的售价是 345 美元。

直到你意识到韦伯伦商品的运作方式，Supreme 品牌都是神秘的。Supreme

的中等价位并没有抑制需求，而是创造了需求。奢侈品的信号传递力非常强，无论是在反主流文化的地方，还是在蒙田大道上。

## 价格机制的漏洞

让我们回顾一下情况：一种偶然的激励出现了，那就是价格机制。事实证明，它非常有用，可能帮助我们成了今天的我们。大多数情况下，它都是通过确保我们停止购买某种稀有的东西，而开始购买常见的东西来起作用的。这非常有用，因为这意味着市场经济浪费的产出相对较少。通过改变价格，商家能够确保某种商品的产量和购买量大致相等。这是非常有效的。

这种体制产生了不良的副作用和问题，但我们能够管理它们，而且大多数时候都会相安无事。然而，这种体制也有漏洞，有时它的工作方式与我们想要的完全相反。有时高价会让我们想买更多而不是更少的东西。

全球经济所依赖的激励机制存在一定的缺陷。价格机制大部分时间都在协调有效消费，但它有一份完全相反的兼职工作。它兼任混乱的代理人，制造了一些无意义的荒谬事件。

当两个相互竞争的家庭都以花 10 000 美元购买奢侈品来证明自己的优越时，没有一个家庭能获胜。这就像一场军备竞赛，双方虽然都在努力增强各自的相对实力，但都遭到了挫败。博弈论学者告诉我们，军备竞赛对所有参与者（除了军火商）都是不利的，这些参与者会不断地增加费用，却没有得到任何好处。

让我们强调一下，当这种情况在全球数十亿人身上重演时是多么可悲。我们大部分的支出都花在了维持幸福生活的基础上，而且我们确信，如果可以，我们会在教育和预防性保健方面投入更多。但现实是，大量的支出被消耗在追求比别人的东西更贵的东西上。在全球范围内，奢侈品支出造成的分配不当是显而易见的。对个人而言，增加在昂贵信号上的支出可能是一种解脱，这会让他们确信自己没有落后于别人。

但每一辆奔驰跑完第一千米，每一只百达翡丽走完第一分钟，都会让人们觉得自己被困在一个无底洞中，努力奋斗却一事无成。如果说"努力奋斗却一事无成"听起来像是对参与现代经济的恰当描述，那么部分原因可能是现今如此多的消费在本质上是炫耀性的。

如果炫耀性消费只是一两个人的行为，那么这种体制中的漏洞也就无关紧要了，但有数以十亿人都参与其中。

在世界上数十亿的消费者身上重复出现，激励机制中的这个漏洞就导致了一个问题。我们浪费了原本可以花在更有用之处的钱。我们用来支持 Supreme 和路易威登的数百万美元可以用在真正能给我们带来更幸福生活的事情上，比如预防性医疗保健，但我们所选择的激励机制符合我们大脑的模式，从而在某种程度上使上述目标很难实现。

价格机制应该消除浪费，而不是制造浪费；价格机制应该发展我们的文明，而不是阻碍文明的发展；价格机制应该让我们快乐，而不是空虚。它在很多方面都失败了。

这就提出了一个问题：我们是否应该对这些漏洞做些什么？征收奢侈品税是一种观点，它可以增加一些有用的收入，同时降低奢侈品制造商的利润。但这会抑制需求吗？正如我们之前所见，提高商品的价格有时会适得其反，即增加它的吸引力。

即使是那些脆米饼，如果你对它们征收足够的税，它们也会成为我梦寐以求并想方设法去购买的奢侈品，甚至我每年花在几包"奢侈"脆米饼的钱可能比我现在买很多包超级便宜的脆米饼的钱还多。不管怎样，价格机制都在产生着意想不到的副作用，这不一定对所有人都有利。

# 第 8 章

# 适者生存

激励机制并不简单。它们不是摆放在豪宅中的装饰品，它们一直被重复使用。人们使用它们的方式也并不温和：坏的会很快消失，好的会被迅速推广。这是一场自然选择之战。

为了审视这个想法，让我们从自然界中的激励机制的例子开始。这些激励机制已被驯化，供人类娱乐。你可能对驯服这些"野兽"的游戏非常熟悉，我们说的是游戏。游戏不是单一的激励措施，而是激励机制，即允许特定行为获得特定结果的规则，最后会有一个终极回报，即有说"我赢了"的能力。

我们可以把游戏想象成英国克鲁夫兹犬展（the Crufts Dog Show）上的犬类表演。这不是什么残忍的竞争，而是只有最优秀的人才能获胜的竞争。选择做有挑战性的事情很难；游戏设计者要精心设计出他们最好的作品，就像养犬人要让他们的蓝丝带优胜者繁育后代一样。随着时间的推移，最好的游戏会变得更好、更有价值。看到成功游戏的改变和发展是非常有帮助的，因为它提醒我们，激励机制不是一成不变的。事实上，毫不夸张地说，如果一种激励机制一成不变，那么它通常会被利用并失败。那些被保留下来的激励机制都是动态变化的。

## 游戏的吸引力

游戏的历史就是人类的历史。很久很久以前就有游戏了。

国际象棋是棋类游戏之王。它起源于印度,大约在公元600年开始向外传播,向东传播到中国,向西传播到欧洲。正如我们所知,国际象棋的发展不是一蹴而就的,而是随着时间和地点的变化而变化的。在中世纪晚期的欧洲,人们对其进行了重大调整,最终形成了我们现在所知道的版本。这是一个辉煌的系统在发展过程中取得胜利、在取得胜利的过程中不断发展的故事,但我们并不是要讲这个故事。

国际象棋可能不是世界上玩家最多的游戏,但它是最受尊敬的。国际象棋世界锦标赛的观众数量惊人地多,企业赞助商还会提供高额奖金。在2018年的国际象棋世界锦标赛上,挪威的马格努斯·卡尔森(Magnus Carlsen)赢得了100万欧元的奖金。

但与塞尼特(senet)[①]相比,国际象棋是一种有趣的新事物。当吉萨金字塔还只是一个蓝图的时候,埃及人就在玩塞尼特了。它的象形文字首次出现在公元前3000年左右的一座坟墓的墙上。塞尼特的棋盘上有30个方格,可能有10个棋子。因为时间久远,塞尼特的规则或多或少被人们遗忘了。

尽管如此,埃及古物学家通过收集旧纸莎草纸的碎片已经有了足够的证据,表明这些碎片必须在棋盘上移动或者横穿棋盘,胜利取决于前进的速度(有点像西洋双陆棋或蛇爬梯子的游戏)。这种游戏在埃及人的势力范围内传播开来。考古证据表明,几千年后,人们仍在玩这种游戏。国际象棋要达到这样的长寿水平还有很长的路要走。

正如我们在第5章中所讨论的,我们大脑的内部建立了奖赏路径,而游戏恰

---

[①] 塞尼特是古埃及的一种桌游。——译者注

## 如何让你的努力获得更好的回报：激励的惊人力量
Incentivology: The Forces That Explain Tremendous Success and Spectacular Failure

恰利用了这些路径。一款好游戏有一套规则体系，这些规则会引发惩罚和奖励，进而触发奖励系统中的神经递质激增。从国际象棋到塞尼特，从扑克机到《糖果传奇》（Candy Crush Saga），所有游戏都是如此。

任何游戏的吸引力部分来自游戏本身的乐趣，部分来自我们可能会从游戏中产生一些想法。在不同的游戏中，这些元素的比例是不同的。国际象棋的结构反映了军队的正面交锋。你可以想象男爵和王子们坐在他们阴暗的城堡里，慢慢地把棋子移到棋盘中央的战争中的样子。也许他们指望着在一个黑暗的日子里，所有这些战略演习能帮助他们在战争中获胜。随着时间的推移，人们对下棋的好处的看法发生了变化，下棋现在被视为一种提高智商的消遣。人们会被那些提供终极能力的游戏所吸引，这些能力是他们可以在现实生活中使用的，比如读写能力。

在 20 世纪的头几十年里，说英语、学英语的人们对词汇和拼写很着迷。在美国，大学入学学业能力测试（现代 SAT 的前身）刚刚被推出，词汇问题是通往精英世界之门的守门人。义务教育像野火一样蔓延，报纸成了大众能够负担得起的东西。这意味着人们都具备了基本的读写能力，这种能力不再是一种社会标志，但高水平的语言能力仍然是一种社会标志。美国刚刚繁荣起来，拥有大量闲暇时间的人们渴望展示他们的学识。

下面，我会讲讲阿尔弗雷德·巴茨（Alfred Butts）的故事，他是发明了拼字游戏 Scrabble 的天才。

## 游戏的迭代与激励设计

Scrabble 是一项关于设计强大的激励机制的有趣研究。

1899 年 4 月 13 日，阿尔弗雷德·巴茨出生于纽约的波基普西。在繁荣的 20

世纪 20 年代，他是曼哈顿的一位建筑师。第一批摩天大楼拔地而起，他有很多工作要做。1929 年 10 月 16 日，经济学家欧文·费雪（Irving Fisher）说，当时的股票价格已经到达了一个永恒的高度，这再次证明了做出预测是非常困难的，尤其是对未来的预测。

1929 年 10 月 24 日星期四，华尔街爆发了危机。道琼斯工业平均指数开盘时下跌 11%。在短暂的反弹之后，市场继续下跌，直到 1932 年。

所有公司的市值暴跌标志着一个时代的结束，繁荣的 20 世纪 20 年代即将被大萧条所取代。尽管很多人都失业了，但阿尔弗雷德并没有失业，而他却无法从这场经济崩溃中完全脱身。随着美国的失业率升至 25%，纽约市的失业率达到了令人震惊的水平。失业的人随处可见。1930 年 11 月 16 日的《纽约时报》（The New York Times）上有这样一段文字：

> 在城市工商业流动的街道上，人们可以在每个角落、每个很少有人的商店的门口找到失业者。他们悄无声息地走着，奇怪的是，他们很少乞讨。在这些满是卡车和工厂的街道上看不到百老汇周围和第五大道上的乞丐。这些人想要工作，而且非常非常想要，以至于他们不愿意谈论他们的需求……走在大街上去上班的 50 万人中，有一大部分都是白领工人，也就是在办公室里工作的男男女女。

在 20 世纪 20 年代的美国，人们非常相信未来将更加光明和繁荣。但有越来越多的证据表明，这种信心完全错了。未来，人们将更加贫穷，生活将更加困难。

1931 年，阿尔弗雷德失去了工作。他和妻子尼娜搬到了纽约市郊一个正在开发的地区——皇后区的杰克逊高地。搬家后，他们的房租少了很多，从 1930 年人口普查时记录的每月 137 美元减少至 10 年后的每月 51 美元。

资金显然很紧张。阿尔弗雷德在寻找另一种赚钱方式的过程中想出了一个有史以来最荒谬的计划。在大萧条时期，他决定发明一种新的棋类游戏。

## 如何让你的努力获得更好的回报：激励的惊人力量
Incentivology: The Forces That Explain Tremendous Success and Spectacular Failure

我无法想象他的家里会发生什么，但没有任何迹象表明妮娜不支持他。阿尔弗雷德开始非常系统地编写一份名为《游戏研究》的文件。他的研究并没有直接把他引向 Scrabble。这不是一个关于灵感突然闪现的故事，伟大的激励机制很少是这样形成的。

阿尔弗雷德研究了三种类型的游戏。首先是棋子可以移动的游戏（比如国际象棋和跳棋），然后是数字游戏（比如桥牌和骰子游戏），最后是拼字游戏。

阿尔弗雷德和他的兄弟们玩过几次拼字游戏，他们经常能通过调整规则使游戏更有趣。这类游戏当时很少有人玩，他推断肯定有机会。所以在 1933 年左右，他设计了一个游戏。他这样写道：

> 它既不幼稚也不复杂，儿童和学识稍丰富的学生都可以玩……游戏的真正价值当然取决于它的娱乐价值，但如果它的玩家能增加词汇量，进一步了解单词结构和拼写，它就拥有了任何纸牌或棋类游戏都无法拥有的东西。Lexiko[①] 就是这样一种游戏。

但 Lexiko 彻底失败了。对初学者而言，它没有图版，同时它还缺少现在与 Scrabble 同义的交叉词。更糟糕的是，Lexiko 的目标是改变单个字母块，直到你可以创建一个有 9 个或 10 个字母的单词。这可能需要很长时间，而且最终你可能以失败告终。

尼娜和阿尔弗雷德在他们位于杰克逊高地的公寓里玩了很多次这款游戏，他们得出了任何人都会得出的结论：该游戏存在缺陷，但它也有优势。对人们而言，回文构词法[②]是一个好主意。阿尔弗雷德还有一个不错的发现，他发现字母的分布情况可以让填字游戏广受欢迎。

---

[①] 希腊语，意思是"单词"。——译者注
[②] 回文构词法是指打乱一个词的字母顺序从而得到一个新词，如 now 变成 won、tea 变成 eat。——译者注

## 第 8 章 适者生存

阿尔弗雷德年轻时非常喜欢美国诗人、小说家埃德加·爱伦·坡（Edgar Allan Poe）的作品，尤其是短篇小说《金甲虫》(*The Gold-Bug*)。在坡的故事中，叙述者与一位神秘的隐士是朋友。叙述者、隐士勒格朗和勒格朗的长期伴侣（一个被释放的名叫朱庇特的奴隶）破解了海盗船长基德写的密码，这使他们能够找到并挖出一个被埋藏的宝箱。

对阿尔弗雷德而言，这个故事的关键在于破译密码的方式。为了解决这个问题，勒格朗运用了他对字母在英语中出现频率的了解。这段代码点燃了 Scrabble 最终风靡世界的火花。

字母的组合至关重要。太过简单，人们会觉得不值得付出努力；太过困难，挫败感会大于成就感。

如何决定字母组合才能让 Scrabble 中的激励机制变得足够有效？阿尔弗雷德找到了一个英语语言的样本——报纸的头版。这个自然语言样本让游戏走上了正确的道路。

在 Scrabble 中，字母 E 大量出现，而字母 Z、X、Q、J 和 K 都只出现一次。当阿尔弗雷德看到它们在英语中出现的频率如此之低时，他就知道值得为它们付出努力。平衡是通过积分系统实现的，其中最有用的字母得分最低，最有挑战性的字母的奖励最高。虽然字母 E 只能让玩家得到 1 分，但稀有字母的价值要高得多，比如字母 Z 值 10 分。

这种巧妙而平衡的激励设计在成功的游戏中很常见，不仅仅是在棋类游戏中。1979 年，NBA 增加了三分线，比赛重新焕发了活力（现在球队已经想出了如何充分发挥远距离投篮的得分优势，或许比赛的管理机构应该考虑再次将三分线取消）。同样，在 19 世纪早期，板球引入了六人赛和四人赛，冒着极大的风险提供奖励。

随着大萧条的持续，阿尔弗雷德和尼娜日复一日地隔着桌子坐着，玩着阿尔弗雷德的最新版本的游戏。如果你觉得这对伴侣每晚都面对面坐着玩游戏听起来很有趣，那么当你发现他们完全不般配的时候，你会觉得这更有趣了。尼娜玩游戏比阿尔弗雷德厉害多了。一天晚上，她玩了一款名为 QUIXOTIC 的游戏，在游戏中得到了 248 分，彻底击败了阿尔弗雷德。

1955 年，在 Scrabble 终于流行起来后，尼娜对来自波基普西的一位记者说："我被当成了小白鼠，在游戏设计的不同阶段参与实验。晚上回到家，他说'我有一个新想法'，然后我们就会去尝试，他要么接受，要么放弃这个想法。"

游戏结束后，阿尔弗雷德会在与尼娜沟通后做出一些改变。他加了一块游戏版，他改变了不同字母块的点数，他多次改变了图版的大小，他改变了字母的总数。每次迭代都经过了测试，尼娜的输入总是非常有用。

最终，在 1938 年，阿尔弗雷德找到了另一份工作。纽约的经济萧条结束了，高楼再次拔地而起。到目前为止，他的游戏完全没有任何会成功的迹象。当时的观察家都认为这将是阿尔弗雷德的拼字游戏的终结。

然而事实并非如此。尼娜和阿尔弗雷德继续致力于研究这款游戏。无论这款游戏是阿尔弗雷德还是尼娜的心血，它的成功都要归功于迭代。这款游戏并不是一次就设计出来并推出给大众的。在激励机制中，细节很重要，只有迭代才能揭示所有的细节。一个小小的怪癖可能会让游戏变得太过困难、太过简单或太过无聊。Scrabble 经过了反复测试，直到它真正适合人们。

1948 年，阿尔弗雷德的一位熟人詹姆斯·布鲁诺特（James Brunot）从他的手中买下了这款游戏。作为回报，每卖出一套游戏，阿尔弗雷德这款可以从中获得一小笔版税。阿尔弗雷德是发明家，而布鲁诺特是商人，他创建了这款游戏的生产业务，并慢慢开发了市场，第一年卖了 2000 套，第二年卖了 1500 套，第三年卖了 4900 套，然后……

在所有的故事中，人们最喜欢的一个故事是这样的。有一年夏天，在汉普顿，美国百货公司梅西百货（Macy's）的董事长玩了 Scrabble，而且一发不可收拾。一回到纽约，他就从办公室走到梅西百货的游戏和玩具区，想给自己买一套。然而，梅西百货并没有销售这款游戏，他大发雷霆。他下了一笔巨大的订单，在那之后，美国最强大的零售商之一的营销机器开始运转起来。一两年内，这款游戏的销售额增长了 50 倍。不知所措的布鲁诺特决定将游戏的版权卖给一家大型游戏公司 Selchow & Righter。1953 年，Scrabble 卖出了 100 多万套。这款游戏已经成为一种流行文化现象，其规模几乎是前所未有的。它就像游戏《宝可梦 GO》(*Pokémon Go*)，但没有令人失望的失败。

像《宝可梦 GO》一样，各种媒体上都能看到 Scrabble 的身影，这被描述为席卷全美国的"游戏热潮"。一些小商店店主在报纸上刊登广告，告诉公众他们有存货。梅西百货每天在午餐时间都开设课程，教人们玩这款游戏。当时的一则广告是这样写的："一家人一整晚都在一起玩。"标题还刻意使用了一些意味深长的语言来表达其观点："自从第一款拼字游戏问世以来，没有什么比它更能打击热爱游戏的美国人了。"

但 Scrabble 越来越被作为一种辨别能力的标志来使用。1957 年，《纽约时报》刊登了一篇关于作曲家伊戈尔·斯特拉文斯基（Igor Stravinsky）生平的长篇特写，他当时居住在好莱坞。

坦率地说，这篇文章是对斯特拉文斯基的谄媚，将他描述为"对当代音乐做出巨大贡献的人物"。在众多的插图中，有一张伊戈尔和他的妻子维拉在一间用昂贵艺术品装饰的房间里玩 Scrabble 的照片。如果照片强化了"Scrabble 是天才的消遣"这一概念，那么以下文字更是如此。

斯特拉文斯基在旅行时会随身带着五种语言的几十本字典。他最喜欢的一项运动是填字游戏（他有一个专门的填字游戏词典）；另一个是创造多语言相关语，以彰显他非凡的智慧和才能。

# 如何让你的努力获得更好的回报：激励的惊人力量
Incentivology: The Forces That Explain Tremendous Success and Spectacular Failure

## 激励走向何处

到 20 世纪 50 年代末，Scrabble 在美国既有声望，也非常受人们欢迎。在整个 20 世纪剩下的时间里，它也征服了世界（对外国字母和不同语言中字母的使用频率做了一些调整）。

Scrabble 的规则和回报作为一种激励机制对世界各地的人都有效。这款游戏让玩家的大脑因神经递质而活跃起来。此外，它还展示了文化资本的承诺：学识和社会流动性。

但这些推动 Scrabble 获得成功的激励机制在走向极端时却产生了特殊的影响。一旦游戏开始具有竞争性，规则就会对那些想要获胜的人产生特殊的影响。

经典的 Scrabble 是使用综合了多个字典的单词表来玩的。现在允许使用的词汇有几千个，例如，124 个双字母单词、1292 个三字母单词和 5625 个四字母单词。你可以玩 CWM 和 TAENIAE 以及更多的字母列表，它们通常会让普通玩家觉得不公平和恼火。对顶级玩家而言，他们需要惊人的单词记忆能力。但在你急着去查 TAENIAE 之前，请考虑一下这一点：诀窍在于只是单纯地对单词进行记忆。可为什么要只学习单词而不学习它们的意思呢？

它已不再是 1950 年那款让人们争相购买游戏套装的词汇游戏了。关键是要在你的能力范围内利用这些规则，学习它们的意思是没有意义的。

最荒谬的例子是 2015 年世界法语拼字大赛（Francophone World Scrabble Championships）的冠军决赛。两名选手进入决赛，他们是来自加蓬（法语国家）的希里克·伊拉古·雷卡维（Schelick Ilagou Rekawe）和来自新西兰的尼格尔·理查兹（Nigel Richards）。在决赛时，两位竞争者之间没有太多的交谈，因为尼格尔不会说法语。他认识很多法语单词，但不知道它们的发音、意思以及如何使用。尼格尔这个长着浓密灰白胡须的人以二比一的成绩赢得了这场决赛。

在 Scrabble 的极端情况下，我们看到了激励机制中最令人欣慰之处。冠军是那些知道如何利用规则的人。我们了解到，Scrabble 并不是鼓励你增加词汇量，而是鼓励你要比你的对手获得更多的分数。

最后，尽管 Scrabble 是文字游戏，但它更是一个数学上的最优化问题。获胜需要同时解决几种类型的问题。你必须像国际象棋选手一样管理棋盘上的空间，同时像填字游戏的玩家一样填字并计算概率，以找出最适合填哪些字母，哪些字母最好留在手里，以提高后续回合的胜算。在竞技中，做所有这些事都必须与滴答作响的时钟赛跑。在拼字比赛中，每人有 25 分钟的时间。

## 激励机制的演变

Scrabble 的规则是固定的，实验的时代彻底结束了。除了 Scrabble 儿童版（Scrabble Junior）之外，这款游戏一直没有什么新版本。有人也曾尝试了一些变化，但这些变化最终都被人们遗忘了。直到社交媒体和智能手机的出现。

2008 年，游戏应用开始迅猛发展。你可能还记得一款模仿 Scrabble 的 Facebook 网页版游戏 Scrabulous。2008 年，它是整个社交网络上最受欢迎的游戏。但这款游戏最终还是下线了，取而代之的是一款名为 Words With Friends 的拼字游戏，它才是真正的赢家。

Words With Friends 作为一款独立应用程序于 2009 年发布。新版本 Words With Friends 2 于 2017 年发布，发布后便迅速蹿升至应用商店文字游戏排行榜的第一名、游戏排行榜第一名以及所有应用排行榜的第一名。数百万人都下载了它。

我认为，Words With Friends 可能是一款比 Scrabble 更好的游戏。当我说这些话时，我的心真的好痛。我并不认为 Words With Friends 的设计师与阿尔弗雷德和尼娜一样优秀，它的流行可能是时代发展给予的机会，而不是因为它的设计师无所不能。尼娜于 1979 年去世，阿尔弗雷德于 1993 年去世，他们都没能活到

# 如何让你的努力获得更好的回报：激励的惊人力量
Incentivology: The Forces That Explain Tremendous Success and Spectacular Failure

智能手机应用程序流行的那一天。但我愿意想象一下，作为优秀的编程设计者和实验者，如果他们玩过 Words With Friends，他们一定会喜欢它的。

Words With Friends 站在一个巨人的肩膀上，它可以走得更远。它的核心激励机制让奖惩变得更加分明，神经递质也会相应地产生火花。

在 Scrabble 中，三词得分是最大的奖励牌，但是它远离图版的中心。Words With Friends 的奖励牌就更具挑战性了。在 Words With Friends 中，巨额奖励设置在非常接近游戏图版中心的位置，使得控制它从一开始就是一场战役。

在这种情况下，在玩 Words With Friends 时，对空间的掌控更加重要。糟糕的策略可能从一开始就是致命的（在 Scrabble 和 Words With Friends 中，一个常见的错误策略是更关注自己在游戏中可以得多少分，但你更应该做的是试着拉开你和对手之间的分数差距）。

与 Scrabble 相比，Words With Friends 游戏制造了一种更令人紧张的竞争场景，并通过更友好的字母组合强化了这一点。尽管埃德加·爱伦·坡给了它不可估量的帮助，但事实证明，它仍是在阿尔弗雷德的字母组合的基础上改进而来的。Scrabble 中有 9 张 I 字母牌、9 张 O 字母牌和 4 张 U 字母牌。如果你缺少使用它们的机会，它们就会堆积在你的架子上，让你的游戏越来越糟糕，直到剩下的这些牌哀号。Words With Friends 的字母分布则更好，I 字母牌和 O 字母牌更少，而 S 字母牌更多。

Words With Friends 混合使用有用字母的缺点是，偶数字母的单词更丰富了。因此，玩这些游戏时的回报就减少了。与获得 50 分奖励不同，一次玩所有字母牌可以获得 35 分的奖励。虽然玩所有 7 个字母牌的奖励减少了，但减少的奖励似乎很好地被风险与回报的整体平衡抵消了。

这就是 Words With Friends 的核心机制的美妙之处。但遗憾的是，这个核心机制被破坏了，在我看来，这毁了一切。2011 年，Words With Friends 被社交游戏公司 Zynga 收购，该公司的大部分收入都来自"老虎机"应用程序。它熟知如何让人们对游戏上瘾。2017 年，它为 Words With Friends 增加了字母牌掉漆、后见之明和单词雷达等新功能。

我会这样总结这些机制的功能：现在，应用程序几乎会告诉你应该玩什么词，并将人类降级为算法认知过程中的橡皮图章。

在 Words With Friends 的 Facebook 官方页面上，我发现了一些用户的抱怨。"我讨厌所有这些新功能。我甚至完全不会使用它们，因为我感觉自己在作弊。"一位名叫苏珊·莫耶斯（Susan Moyes）的玩家在 2018 年时这样说。我同意苏珊的说法。谁想完全服从一个巨大的半机械脑的指挥呢？谁想要依靠这个半机械脑来对付对手呢？

事实证明，还是有很多人会这样想。但从长远来看，这并不一定意味着 Words With Friends 会获胜。请记住，可以赋予进化以优势的突变过程也可以使一些物种消失。虽然 Zynga 公司淡化了游戏带来的挑战，让一些人在玩游戏时不那么沮丧，但这改变了你想通过在游戏中获胜来改变自己的想法，也终结了这款游戏的社会影响力。

早在 2011 年和 2012 年，名人们就在吹嘘自己会玩 Words With Friends。好莱坞影星亚历克·鲍德温（Alec Baldwin）就曾因为太专注于游戏、拒绝关闭手机而被赶下飞机。但现在呢？不会再有这样的新闻了。你不会看到 2018 年伊戈尔·史特文森随口提到他们在玩 Words With Friends。没有人相信你会用单词雷达让自己变得更聪明。

Zynga 公司的设计师们可能知道他们在短期内要做什么。但长远来看呢？我担心 Words With Friends 已经走进了一个死胡同，它提供了更多神经递质的感觉和更少的自我提升的机会。在这个游戏领域中，它必须与《糖果传奇》等游戏竞争，而且很可能会被无情地击败。

我想以一款游戏的故事来结束这一章。这个故事展示了激励机制是多么容易脱离其设计者的控制。

如何让你的努力获得更好的回报：激励的惊人力量
Incentivology: The Forces That Explain Tremendous Success and Spectacular Failure

## 选美比赛中的第二名

游戏可以在自然选择竞赛中大获全胜，原因与其开发者想象的完全不同。为了了解这一点，我们将结束 Scrabble 的故事，回到过去，研究一下 20 世纪的另一款经典游戏《大富翁》。

《大富翁》最早的版本于 1903 年由伊丽莎白·玛姬（Elizabeth Magie）获得专利，她是一位坚定的乔治主义者[①]。

玛姬打算用她的游戏来展现这个恐怖的世界，在这个世界中，一个人积累了所有的财富，而使其余的人都破产了。她的游戏看起来很像《大富翁》：在一个正方形图版上有出售和出租的房产、铁路、角落里的监狱和装满纸币的银行。你每次都会得到 100 美元的资金。

玛姬将她的游戏命名为"地主游戏"，并设计了一个结果，即一个玩家获得了所有东西，而其他人都破产了，一贫如洗。

1902 年，玛姬在一篇关于她的游戏的文章中写道："这就是现行土地掠夺制度及其后果的真实写照。我想让孩子们清楚地看到我们现行土地制度的严重不公正，当他们长大后，通过他们的努力，土地制度很快会得到改善。"

玛姬的游戏后来大受欢迎，人们实际上是想体验玛姬设计的不平等。很多人都是付了钱来接受折磨。游戏最终被命名为"大富翁"，它是 20 世纪 30 年代中期最畅销的游戏之一（毫无疑问，这激励了当时失业在家的阿尔弗雷德·巴茨，他住在皇后区的公寓里，不断进行着他的试验）。

为什么《大富翁》如此受欢迎？为什么人们想要体验玛姬所痛恨的不平等？不是因为他们想要过这样的现实生活。在现实生活中，大获全胜和惨败都太可怕

---

[①] 乔治主义者指的是经济学家亨利·乔治（Henry George）的追随者。他们反对土地所有权的方式，并极力倡导征收土地税。他们是一群优秀、善良的人，却因此遭受无尽的痛苦和失望。

了。但在人为设置的游戏世界里，这样的结果稍微能提起我们的一些兴趣。

因此，对于进一步理解激励机制而言，游戏的进化是一个非常直观和有用的模型。我们可以看到迭代是多么重要。我们可以看到强大的激励机制是如何排挤弱者的，但请不要将游戏的进化与其他激励体制相混淆。游戏是温和的：当它们取悦我们时，它们就会受欢迎；当它们能够满足我们的需求时，它们就会被复制。而其他激励机制必须像野生动物一样对抗自然选择的竞争。在现实生活中，即使激励机制是令我们大多数人害怕的，它们也能茁壮成长。这些就是我们最需要注意的激励机制。

> **小故事**
>
> ### 狗
>
> 2011 年，我搬去和我的女朋友住在一起。我们并不知道我们想要从生活中得到什么，但有一件事是肯定的：我们想要一只狗。
>
> 于是我们马上就开始寻找，从一家流浪狗收容所找到另一家流浪狗收容所。我们就这样度过了几个星期的星期六。我们透过几百个笼子的铁栅栏，看着那些从夹缝中生存下来的狗，其中大约一半以上都是上了年纪的杰克罗素梗。一想到它们的遭遇，我的心都碎了。
>
> 但我们无法成为每一只小狗的救世主。我们心里早已有了主意，我们想要一只中等身材的母狗，其实，我们想养一只小狗，但小狗的收养规则非常明确。如果你养一只小狗，那么你就要整天待在家里陪它。没有一个双职工家庭符合领养小狗的资格，我们也被排除在外了。我们可以收养的狗必须至少一岁。
>
> 当时，我们对这条规则略感不满，他们真的想让人收养这些狗，挽救它们的生命吗？英国防止虐待动物协会（Royal Society for the Prevention of

## 如何让你的努力获得更好的回报：激励的惊人力量
Incentivology: The Forces That Explain Tremendous Success and Spectacular Failure

Cruelty to Animals，RSPCA）对潜在收养者的要求很苛刻，要求潜在收养者提供自家后院的照片，并且在带狗回家之前还要度过一段冷静期。所有的流浪狗收容所都有一种令人惊讶的防御倾向。

大部分流浪狗收容所都想要一份保证书，确认我们有一个安全的后院，甚至还有一家收容所称，在我们拿到宠物许可证（即参加一门关于养狗的在线培训课程）后，可以为我们提供疫苗接种费用的折扣。我们不止一次地告诉收容所的工作人员，我们对养狗感兴趣，结果他们却说我们不适合养狗。我们不会穿着名牌大衣，开着黑色劳斯莱斯去这些收容所。我们是普通人！但所有的拒绝让我们开始反思自己。

大约在那个时候，我记得我读过一篇有趣的文章，讲的是动物囤积是囤积方式之一，以及有多少人把自己的家当成动物收容所。现实生活中确实有一种现象（尽管这种现象并不常见），即收容所的工作人员认为，除了他们之外，其他人都不能很好地照顾动物，所以没必要冒险把动物交给他们。

但是在大多数情况下，收容所的工作人员都是非常理智的，他们只是试图传达一个重要的观点：这是一件严肃的事情。他们看到有太多的狗在几个星期后就重新回到了收容所，他们不想再看到人们一时兴起就领养这些动物了。这是一种激励机制，即如果你想获得领养狗的奖励，你就必须表现出你会照顾狗。当时我觉得这些规定太过分了，但在我养了几年狗后，我认为这很合理。养狗不同于养金鱼。这是一项艰难的工作，而且每天都要做这项工作。很多工作都是关于服从训练的，而事实证明，服从训练都是与激励相关的。

### 丢失的狗

我们最常去的是一家名为迷失狗之家的流浪狗收容所。它的规模很大，位于一片工业区内。晚上，当大卷帘门"咣当"一声关上后，这片区域回荡着一阵阵狗叫声。那里有很多狗。

如果你轻声说话，有些狗就会来到你面前；如果你把手伸进笼子，它们就会舔你的手。但大多数狗都会躲在后面，向外张望，有些狗还会吓得发抖。狗通常不会在这里死去，因为它们的生活充满了爱和快乐。找到一只狗来收养是一场情感马拉松。

12月中旬的一个星期六，那是一个略显灰蒙蒙的早晨，我们在聚会结束后再次长途跋涉，前往迷失狗之家。我们先看了第一排笼子。虽然笼子里有很多狗，但没有一只狗能带回家。

我们又看了第二排。第三个笼子里有一只中等大小的狗。那是一只一岁左右的母狗，它是棕色的，耳朵像木偶罗尔夫。

这只狗做了一件其他收容所里的狗都做不到的事情，它不仅来到了笼子的前面，并且摇着尾巴，和我们进行了眼神交流。它用两只明亮的、琥珀色的眼睛看着我们。

在其他狗看起来很可怕的地方，它跳起来，把爪子放在铁丝上，张着嘴，伸着舌头，摇着尾巴，用明亮的眼睛盯着我们。

笼子上的牌子上写着："卷毛寻回猎犬杂交。年龄：1岁。名字：基安蒂。"我们家以前一直都在养猎犬，至于基安蒂呢？一切都可以改变。

我们拿到了宠物许可证，买了一个项圈和一条牵引绳，然后带着这个之前被称为基安蒂的小家伙一起回了家。

狗是展示激励的力量和陷阱的最佳例子。我从我的狗身上学到了很多关于激励的东西。它的反馈告诉我，她什么时候在被激励、什么时候感到困惑、什么时候它执行的任务与实际任务不一致、什么时候我们布置了它可以利用的东西、什么时候我们需要奖励和惩罚它。它还告诉我，有时候你可以通过欺骗来获得激励。

当我们把它从收容所带回家时，我们很快就意识到它实际上没有受过任何训练。它如此不熟悉这个世界，以至于我们不得不断定它一直被关在棚子或车库里。

苏茜（它以前叫基安蒂）完全找不到楼梯。当我女朋友上楼时，我看到苏茜跑到楼梯后面左看右看，想知道她去了哪里。上升或下降完全超出了苏茜的想象能力。

苏茜之前的悲惨生活从很多方面都可以得到验证。当我把食物放进它的碗里时，它会吃一口，然后从后门跑到屋里去。不知为何，它知道了进入一所房子的唯一方法是在门开着的时候偷偷溜进去（老实说，我们欢迎她进我们家，它一跑，我就站在一碗狗粮旁边看着它，它也透过敞开的门看着我）。

最可悲的是它对玩具的反应。我们把玩具扔给它，玩具滑过地板，它就坐在那里。它是不喜欢玩具的颜色还是材质？我们尝试了其他一些可以咀嚼的东西，它甚至连看都没看一眼。它根本不知道玩具是什么。

这是一只经历过悲惨童年的狗。第一年是它神经和行为发育最重要的一年，所以我们已经远远落后了。值得庆幸的是，它显然从未遭受过虐待，因为当有人走近、突然移动或举起手时，它从不退缩；相反，它会高兴地摇着尾巴，期待有人会拍一拍它。

它有很多东西要学，它的新主人也是。

**好好享受**

我以为我对驯狗有一定的了解。事实证明，我只是幸运地拥有了一只天生乖巧的狗。我正要参加一个关于如何驯狗的强化课程。

如果你看到一只训练有素的狗，主人可以用口哨、命令和手势来控制它，那么你可能会认为这些是驯狗最好的方法。那你就错了，驯狗最好的东西是肉。事实证明，在没有即时激励的情况下驯狗，有点像经营一家公司却不给员工发工资。

为了鼓励人们负责任地养狗，我们在收养苏茜时获得了一些免费的培训课程。圣诞节刚过，我们三个一起回到了迷失狗之家，在一片人造草坪上玩起来。我们以为志愿者驯犬师会训练苏茜，但他是来教我们的。

"不要害怕使用食物。"驯犬师说。

我没听明白。不知怎么的，我把使用食物训练视为一种欺骗，这让我联想起马戏团里训练骑独轮车的小狗。我想让苏茜向我证明它不吃食物就明白这个把戏。

当苏茜表现得很好，当我只是站在那里微笑时，驯犬师喊道："喂它吧！"我以为我是在展示狗的成功，但实际上我在展示自己的失败，我没能强化表现与奖励之间的联系，我完全没有利用激励的力量。

这就是经典条件反射的原理。巴甫洛夫在喂狗时有时还会按铃，他也并没有被狗的口水弄脏脚踝。

过了很久之后，当这个动作被彻底学会时，至少在某些时候，就可以不使用食物了。从长远来看，扑克机的原理是适用的——随机支付比常规支付更容易上瘾。不过刚开始的时候，没有什么比使用食物更重要了。

事实上，驯狗的第一步就是让它站在那里吃东西。你需要让狗认为你是激励的来源，而且这些激励很美味。没有这个基础，你就无法前进。

在驯狗的过程中，我学到的最重要的一件事就是抓起一片超级便宜的人造肉，然后把它拿到苏茜那毛茸茸的棕色鼻子前，这片肉马上就会消失。

## 坐

想象一下你正在教一只狗坐下。这是大多数狗学会的第一个技巧，这对它们来说是很自然的。你可以把你的手举过它的头顶，然后向后移动，这样狗不得不把它的臀部坐在地上。就在那一刻，它得到了食物。

时机就是一切。人们就像在使用手术刀一样使用激励。在那一刻，它们喊道："这才是最重要的时刻！"

你很容易知道你的狗能多快理解你的意图。但狗和我们不一样。是的，你和狗正在参加一种叫作训练的课程，目标是学习一些东西，关键的概念是行动和奖励。

对你们而言，这一切在课程开始之前就已经是显而易见的了。然而，狗对这一切一无所知。它们只知道它们现在得到了很多关注，甚至很有可能的是，它们对获得这种关注的兴奋会排挤掉其他所有的大脑活动。

好在我们的狗承受得了这种关注。当一个人在它周围走来走去，与它进行大量的眼神交流，发出不同的声音，拿着一些美味的食物，可能会让它不知所措。

我嘴里不停地发出声音。现在，我想让它突然特别注意到"坐"这个词的音素。此外，我希望它能意识到，发出"嘶嘶"声时意味着它要坐在地上。

黑格尔和伯特兰·罗素（Bertrand Russell）甚至无法就"意义"的定义达成一致。希望你的狗从一开始就明白"坐"这个词的意思是一种疯狂的想法。这就是为什么及时提供激励是如此重要，它是降低复杂性和创造意义的方法。即时奖励划定了产生奖励的确切时刻（巴甫洛夫的狗是最早证明这一点的动物之一，巴甫洛夫把这个概念称为时间临近性）。

请记住，在狗的大脑中，食物可能与房间里的任何其他刺激有关。也许有一些声音和气味比让它坐下的命令更能引起它的注意，让它看到行动和奖励之间的联系是至关重要的。

行动和即时奖励，重复这个过程是拥有一只训练有素的狗的必经之路。这对全世界各地的激励设计师而言都是很好的经验。奖励的时机对神经递质的作用至关重要。研究表明，当奖励出现的时间比预期的早时，多巴胺神经元大多数就会被激活，但当奖励出现的时间比预期的晚时，多巴胺神经元只被激活一小部分。

到目前为止，在我们所研究的每一种激励机制中，我们都看到了激励设计的细微之处可以成就或毁掉整个系统。驯狗也是如此。如何保持你的姿势、如何从口袋里拿出食物、如何快速地喂食、如何使用你的手和声音等，这些都是关键因素。它们将西萨·米兰（Cesar Millan）和那些被狗拖到街上而肩部韧带受伤的人区别开来。

**厌恶战术还是正面强化**

西萨·米兰是世界上最著名的驯犬师之一。他白手起家，现在他已经为自己建立了一个价值数百万美元的帝国，包括一个获得艾美奖提名的电视节目《狗语者》(the Dog Whisperer)、大量的商品和一个巡回直播节目。

但米兰也总是会受到一些批评。他的驯狗方法包括厌恶战术。你可以在网上找到一些很早期的视频，在这些视频中，米兰似乎会踢他的狗，以阻止狗的某些行为。虽然他现在有很大的影响力，并拥有自己的电视节目，但他仍然主张使用一些厌恶战术。

你要清楚"厌恶"的意思是什么。它不是提倡暴力，它可以很简单，比如把狗的臀部压下去、让它坐下来，或者当狗紧张的时候拉紧牵引绳。这基本上就可以被理解为惩罚，或者任何不是基于奖励机制的行为。

# 如何让你的努力获得更好的回报：激励的惊人力量
Incentivology: The Forces That Explain Tremendous Success and Spectacular Failure

我们对我们的狗使用了厌恶战术。如果它做错了什么，我们会大声说"不"（就在今天早上，我把空吐司盘放在咖啡桌上，后来我发现它把头伸到桌子上，用舌头舔盘子里的一些果酱残渣。我用特别生气的声音严厉地跟它说了几句话，希望这能成为它不再这样做的理由）。

这还不是全部。我们偶尔还会使用一个特殊的项圈，如果它叫，项圈就会喷出香茅油的喷雾（在每年的某些时候，负鼠会入侵我们的院子，没有什么比负鼠更让狗恼火的了，但狗又对它们束手无策）。喷雾的效果非常好。当负鼠出现时，它仍然会到处跑，但吠声不见了。

我们还教它当它走在我们前面，而我们拉紧牵引绳时，它就要停下来。现在如果你拉紧牵引绳，它就会马上停下来。

这些都是有效的，但它们是否像纯粹的激励机制那样有效？我不确定。越来越多的证据表明，正面的奖励比惩罚更有效。

厌恶战术在人类训练中仍然很受欢迎。《爆裂鼓手》（*Whiplash*）是一部介绍厌恶战术的电影，它以音乐学院为故事背景，讲述了一位老师对一个有前途的学生施加微妙的心理折磨的过程。他这样做不是因为他认为这个学生不好，而是因为他知道这个学生很优秀。影片传递的信息是严师出高徒。

正如前面所讨论的，我没有特别想要避免使用厌恶战术。网友们对这种战术很感兴趣，但我并没有参与其中。我所能观察到的是，邻居家前院有很多栅栏，这些栅栏会带来很大的问题，因为后面有一只愤怒的狗。我和我的狗一出现，它就会叫，有时它还会把毛茸茸的小鼻子从栅栏下面伸出来。

这时，苏茜会变得很兴奋。它咆哮着，拉着牵引绳，气喘吁吁。很长一段时间，我试着让它安静下来。我试着对它大喊"不"。我试着拉着牵引绳往回走或者往我们要去的方向走。

这些都没用。有一天，我试图改变战术，我开始使用一种名为对抗条件反射的方法。苏茜知道栅栏后面有一只狗，我们还没到那里，它就紧张起来了。所以在我们到那里之前，我就开始喂它吃的。当我们经过危险地带时，奖励的强度会增加，食物也不只是狗饼干，还有剩菜和其他有更高营养价值的食物。

我没有表现出愤怒和失望，而是表现出快乐，我会说："是的，好狗！"我没有因为它做了我不想做的事而惩罚它，而是给它提供了另一个选择。就好像食物在说："把注意力集中在我这里，你就会得到奖励！"我用成功和奖励代替了失败和惩罚。

这样真的有用吗？我这样说吧，现在它听到狗叫时的第一件事是期待地看着我。它已经知道了其他狗叫和奖励之间的联系，这比让它知道自己叫和惩罚之间的联系要快得多。

不仅如此，我认为这基本上减少了它在其他狗面前的紧张程度。当狗突然出现在远处时，它不会那么关注它们了。它现在可以无视它们了，即使是出现在几米之外的狗。

我怀疑它所有的问题都与早期糟糕的社交有关。你可能还记得我介绍过它小时候的糟糕表现，它很可能被锁在后院，从未受过训练，也没有学会与其他狗互动。当其他狗出现时，它不知道该怎么办，它的反应是它能想到的唯一方式，那就是攻击。给它一些食物让它有了确定性。所以，当它看到另一只狗时，它并不是怀疑和愤怒，而是充满了对食物的期待。

在某些情况下，我仍然会使用厌恶战术。例如，我不认为对良好的行为进行奖励就能应对负鼠在凌晨四点的入侵，因为这意味着我需要在凌晨四点站在后院。但我从我的狗身上学到的东西让我对如何应用激励有了全新的看法：第一，不要指望没有激励就能改变行为；第二，要注意时机，越快越好；第三，用正面强化代替惩罚。

# 第 9 章

# 自我激励

在我大约 10 岁时,我收到了一封连锁信。信上说,如果我把它寄给另外八个人,好运就会降临在我身上;如果我不这样做,我可能就会倒霉。我记得我和父母谈过这件事,他们帮我分析了利弊,并让我自己权衡是寄还是不寄。最后,我寄出了几封,期待着好运降临。但什么都没有发生。

游戏通常有发布者和设计者,他们有能力调整和修改他们的作品,但连锁信是一种无须指导就能适应的激励机制。从这个意义上说,它们有点像价格机制,即使没有指导者,它们也会不断进化。

激励机制偶尔会不兑现承诺,但连锁信将这种情况推向了一个特殊的极端。连锁信的激励不会或者很少会产生效果。超过 99% 的激励根本没有承担任何费用,剩下的就是传销骗局,只要有新人加入,钱就会源源不断地流向受益人,而支付出去的钱很快就没有下文了。

它们强大的生存和复制能力令人难以置信。连锁信及其衍生物仍然存在,它们与某个当代发明有着千丝万缕的关系,我们接下来就将介绍这个发明。

连锁信是一种自我延续的激励。在我收到连锁信之前,我并不想给朋友和亲戚寄一些奇怪的信。但拿到信后,信中的内容要求我把它传递下去,把激励传递给其他人,这是收集那些能使激励机制保持活力的突变的前提。当连锁信必须手写时,它有很强的进化能力。每位收件人可以在他们寄出信之前让自己的故事生动起来，自然选择的过程会努力放大最适合、最成功的故事。

我收到的那封信不是传销性质的，传销是每个人都必须把钱寄给系统中的其他人。这种信曾一度成为美国全国的狂热话题。1935年，美国科罗拉多州丹佛市的邮局突然被标题为"繁荣俱乐部——我们信仰上帝"的信件所淹没。这封信承诺，如果收件人在寄出的信中放入10美分，他们将收到1562.50美元。这些信件在几周内就传遍了美国，不久之后，它们就"进化"到不用中间商和邮递员，而是被收集到被称为"繁荣俱乐部"的实体场所，在那里，致富过程可以迅速加快。最终，根据彩票法，整个闹剧被叫停了。

传统的连锁信随着时代的发展而演变，21世纪的人类特别容易受到新形式的影响。从20世纪90年代中期到21世纪00年代中期，在电子邮件出现的前十年左右，我收到了很多来自"比尔·盖茨"的电子邮件，他承诺会给我报酬。这封简单的连锁邮件成了互联网历史上最大的骗局之一。最初的指控指向一位名叫皮尔拉斯·桑德伯恩（Pearlas Sandborn）的律师，她发誓说，作为"电子邮件跟踪"系统的一部分，她每转发一封邮件就能得到245美元的报酬。这还不是全部，她说：

> 如果你的收件人转发了你的邮件，微软公司将付给你243美元；如果有第三个人收到邮件，你将得到241美元。微软公司会在两周内联系你，并询问你的地址，然后寄给你一张支票。

桑德伯恩女士声称她净赚了2.48万美元。当你认真思考一下正在发挥作用的激励机制时，这个数字真的小得可笑。如果她能找到100个电子邮箱地址，那么她将得到更多的钱。如果这些人中的任何一个转发了这封电子邮件，数字就会飙升。如果桑德伯恩给50个人发了电子邮件，其中5个人分别将邮件转发给了50个人，而这50个人中又有5个人做了同样的事，依此类推，那么她的收入可以达到190万美元（几何级数远比我们直觉所认为的强大得多，这就是连锁信即使命中率很低，也能存活至今的原因）。

# 如何让你的努力获得更好的回报：激励的惊人力量
Incentivology: The Forces That Explain Tremendous Success and Spectacular Failure

微软公司很快发表了一份声明，来反驳这封经典的连锁信。该公司表示，这是个骗局。一切都结束了。

这只是在开玩笑。从那以后，互联网上一直流传着关于这封电子邮件的各种版本。距离我上次收到这种邮件可能已经有一段时间了，但在写这篇文章的时候，我查了一下微软网站上的 Answers 论坛，上面全是刚收到邮件的人提出的新问题。这些人足够聪明，他们会怀疑一些事情，并向微软公司核实。"我不是百分之百确定，但给我发这封邮件的人说他确实收到了钱。"一位名叫达伦·班克斯（Darren Banks）的用户写道。

最近，"β 测试"一词取代了"电子邮件跟踪"，让事情听起来更与时俱进了。在一些邮件中，皮尔拉斯·桑德伯恩变成了外勤业务经理查尔斯·S. 贝利（Charles S. Bailey）。有趣的是，查尔斯·S. 贝利是一个真实存在的人，他确实是外勤业务经理（尽管他不是微软公司的员工）。他转发邮件时似乎把他的名字弄混了。

贝利是随机突变使电子邮件威力更大的一个很好的例子。一旦添加了他的名字，任何搜索他的人都会找到一个看似可信的结果，这让他们更有可能相信这封邮件，并把它发送出去。这足以让一种激励机制自我延续。

连锁邮件要求你做一些事情来得到奖励。按照它的要求去做的成本很低，即使得到报酬的可能性很小，也会有一小部分人愿意继续这样做。

还有其他适合进化的形式，让人们条件反射地传播在线内容，即使没有物质回报的承诺。"如果你同意就分享"就是其中一种形式，尽管人们越来越懂这种把戏。有人说："我正在教我的学生有关互联网的知识，我想让他们知道一些内容可以在网上分享多少次。"这似乎是人们不会本能地把它视为连锁信或垃圾邮件的原因之一。

连锁信以及所有这些可分享的内容表明，让人们分享和推广某种新事物并不难，你甚至可以让人们用自己的钱投资。也许你想创造一些别的东西，却无意中创造了一种可以自我延续的激励结构。

## 加密货币的财富源泉

比特币是一种所谓的数字货币或加密货币,发明于 2009 年。现在,它已经变得价值不菲。它被投资、囤积、交易和投机,并经常被拿来与黄金相比。

比特币和连锁信一样吗?是否存在一种强大的、自我驱动的激励机制,使比特币等加密货币长久存在?

可以说,比特币是一种原始的激励机制,有效又疯狂。它想得到的和我们实际得到的只有一点联系。比特币最初的目标是取代货币,结果它只是创造了一种像黄金或股票这样的资产。比特币的强大之处并不一定是其最初的愿景,而是它迅速形成的激励机制,如今这些机制在世界范围内变得不受约束。

比特币的起源可以追溯至一篇白皮书,该白皮书是由一个或几个被称为中本聪(Satoshi Nakamoto)的人在互联网上发表的。中本聪希望比特币成为一种支付方式,将去中心化的、点对点货币和银行系统整合在一起。但迄今为止,比特币对互联网商务的影响还比较有限。互联网商务仍在使用其他多种交易方式,Visa 和万事达卡占主导地位。

但现在,比特币作为一种投机资产,在其他领域表现突出。它推动了一波投资狂潮,与最初的繁荣俱乐部没什么不同。

比特币本身只是计算机代码——可以通过互联网发送的存储在计算机上的文件。比特币的关键在于建立一个系统,允许这些文件被其所有者使用,并且只使用一次。所有比特币交易都被确认并记录在一个大型数据库(称为区块链)上,该数据库可以在互联网上的很多地方被复制。这些是技术细节,但比特币实际上是由一个极其巧妙的嵌套激励机制组成的。

第一层激励的产生是因为比特币的设计目的是消除银行及其在确认交易到达目的地方面的作用。比特币的创建者表示,银行的问题在于它们需要我们的信任。中本聪在白皮书中指出,虽然银行系统在大多数交易中运行良好,但它仍存

## 如何让你的努力获得更好的回报：激励的惊人力量
Incentivology: The Forces That Explain Tremendous Success and Spectacular Failure

在基于信任模型的固有弱点。比特币的核心是一个巧妙的把戏，它付钱给人们以确认交易。这种支付方式鼓励一个分散的、点对点的系统承担银行的角色，从而用一个不同的系统取代一个强大的中间商。

传统的银行系统将分发货币和确认交易视为截然不同的功能，但比特币将它们合二为一。确认比特币交易的人将获得新的比特币作为奖励，这就使比特币成为一个自我封闭和自我依赖的系统。

中本聪意识到，资源将被用于处理比特币交易。确认交易需要计算机处理能力（CPU 时间）和电力，因此需要提供激励。中本聪虽然无法获得足够的激励来实现其新商业体系愿景（至少目前还没有实现），但还是提供了足够强大的激励，来创造出价值数十亿美元的东西。

为什么处理比特币交易需要消耗这么多 CPU 时间和电力？因为确认交易是通过解决数学问题来完成的。世界各地的计算机都在处理这些问题，争相确认交易的合法性。解决这些问题的唯一方法是运用算力，谁先解决了问题谁就能得到奖励。"挖掘比特币"这个词描述了这些交易确认和随后的奖励。

在比特币出现的早期，人们可以将家里的电脑连接到这个系统上，让它通宵确认交易，这样他们一觉醒来就会发现自己获得了数百个新的比特币。这些人使用电力运行他们的计算机来确认交易，并因此获得比特币奖励。当然，当时的比特币并不值钱，而且会占用磁盘空间。很多比特币是人们在好奇和兴奋时被挖掘出来的，它们后来都被删除了。

但很多比特币被保留了下来。这对于创建第二层激励至关重要。比特币的绝妙之处在于找到了与其有利害关系的人。在大多数此类创新都难以吸引早期采用者的情况下，比特币不仅赢得了他们的关注，而且把他们变成了利益相关者。

虽然有一段时间，比特币有实用价值的承诺只是一个梦想，但这个梦想很快就变成了现实。一旦论坛上聚集了足够多的比特币用户，他们就开始用比特币进行交易。一开始比特币的价值还不到一分钱，但它们突然有了真实的货币价值，这使它们大受欢迎。慢慢地，比特币变得足够有价值，也足够广为人知，并可以用于商业。在比特币推出一年后，一位早期采用者用 10 000 个比特币买了两张比萨饼（他找到了一位中间人，因为比萨饼店并不接受加密货币）。

比特币很容易获得，而且可能很有用，于是吸引了很多人，但这只是第一步。作为比特币的所有者，这些在线先驱（包括互联网上某些有影响力的人）有动力去宣传比特币。他们可以通过鼓励更多的人购买来提高比特币的价值，这和连锁信没什么区别。在激励结构落在你的手中之前，你没有动力去宣传它。当你开始拥有比特币时，你就会成为推动比特币向前发展的生态系统的一部分。

就这样，对比特币的炒作持续升温，直到 2017 年 12 月，一枚比特币的价值超过了 20 000 美元。比萨饼店的老板一定很后悔。

## 比特币分叉

发明了著名的杀毒软件迈克菲（McAfee）的约翰·麦卡菲先生（John McAfee），在过去 10 年左右的某个时刻失宠了。他搬到了伯利兹。他被指控谋杀，但并没有被判有罪。据他的社交媒体网站显示，他有 47 个亲生孩子。他以一种非同寻常的方式参与了加密货币。

麦卡菲很善于表达，这让他成了一个引人注目的人。他的 Twitter 账号上的内容时而非常搞笑，时而相当无礼。似乎急需资金的麦卡菲已经成为加密货币行业的一位专业代言人，他吹嘘各种新型加密货币的好处。

2017 年底，一枚比特币的价格达到了 20 000 美元的峰值。但在此之前，麦卡菲做出了他的承诺：比特币的价格将在三年内达到 500 000 美元。然而，在经历了一轮暴涨后，比特币的泡沫破灭了。要想让它的价格继续上涨，就必须不断找到新的买家。在一段时间里，这很容易。但就像最初的连锁信一样，这种热情也只能持续一段时间，然后就会慢慢平息下来。

除非比特币背后的激励机制能够引发新一轮的炒作，否则麦卡菲的诚信将变得岌岌可危。他真有足够的力量这样做吗？

比特币的一大弱点实际上是其设计的一个关键特征。它是一个点对点系统，所以改变它要比改变一家公司拥有的软件慢。改变比特币的规则通常是极其烦琐的。

然而，比特币可以"分叉"，很多"矿工"会同意采用一套不同的规则，并通过这样做来创建另一种新的、在一套不同的规则下运行的加密货币。这发生在2017年，当时一群"矿工"决定，他们想要一种能够使中本聪的愿景变成现实的加密货币，也就是一种对互联网商业更有用的加密货币，他们称这种加密货币为比特币现金。但他们的愿景也有一些妥协。为了让加密货币更容易消费，它必须变得更加集中，并减少对广泛的点对点网络的依赖。

中本聪留下的问题引发了热议。他是想让比特币成为点对点系统，还是想让它像现金一样有用？比特币坚守着让比特币成为点对点系统的愿景，而比特币现金背后的团队则努力想让它像现金一样有用。"分叉"发生在一种不和谐的气氛中，既滑稽又吓人。本书将在其他部分列出对比特币现金用户的侮辱（如果你加入过某个友谊团体，甚至某个网络论坛，你就会知道这些分歧有多严重。这种分歧对参与其中的人来说是很严重的，而对不参与的人来说则是微不足道的）。

不管那些矿工是否听到了这些侮辱，人们都认为他们有点傻，因为一单位比特币现金和一枚比特币现在都价值不菲。

## 狗狗币等加密货币

虽然人们对比特币的接受程度不高，但加密货币一直都是实验的温床。比特币之后出现了很多替代品，狗狗币就是其中的一种，它其实是一个精心设计的玩笑。

活跃的加密货币的数量最多时有超过2500种。很多加密货币现在已经一文不值了，并且不再被交易。不过狗狗币运行良好，写作本书时，它的市值（即总价值）已超过2.4亿美元。

就在有些加密货币被淘汰的同时，新的加密货币正在被创建出来。每种加密货币都有各自的用途，而且没有迹象表明它们的流动性会在短期内下降。你会发现，这就是阿尔弗雷德·巴茨不断试验和创新的模式。

我们不需要依靠一个失业的架构师的勤奋来继续创建新的版本，很多人愿意尝试创建一种有价值的新的加密货币。这有巨大的潜在好处。创建者通常会为自己保留大量现存的币，或者在早期以较低的成本挖掘它们。如果这种创建一直保持一定价值，那么这些先驱者就有可能获得数十亿美元的收益。据估计，中本聪拥有70万到100万枚比特币。截至我写作本书时，这些比特币价值约40亿美元。

因此，加密货币热潮的下一次爆发很可能发生在一种币而不是最初的比特币上。如果有一种新的加密货币能够占据主导地位（这仍是一个假设），我敢打赌，它将为采用和推广提供最具吸引力的激励机制，而且随着时间的推移，它也将有一定的适应能力。

顺便说一句，值得注意的是，一些更极端的加密货币爱好者的愿望是破坏现有货币秩序和所有的央行——虽然这似乎不太可能发生。比特币是最知名、使用最广泛的加密货币，但它的激励机制目前似乎还不足以鼓励我们完全抛弃传统货币；恰恰相反，现在大多数持有比特币的人之所以持有比特币，是因为他们希望能够在以后的某个时刻用比特币换取一大笔传统货币。

到目前为止，还没有一种加密货币能够破坏全球金融体系，更不用说对它产生威胁了。这确实是个好消息，因为改变货币体系的金融冲击会对数十亿人造成极其有害的影响。

## 如何让你的努力获得更好的回报：激励的惊人力量
Incentivology: The Forces That Explain Tremendous Success and Spectacular Failure

但加密货币一直在采用新的形式，尝试新的伪装。正如阿尔弗雷德和尼娜所展现的，调整规则是找到一种能够生存和发展的激励机制的必要先决条件。如果一种加密货币发展到足以篡夺现有金融秩序权力的地步，这将是一个存在威胁的例子，这说明在进化上最适合的激励机制不一定总是最有益的。

拥有这些加密货币的人可能会沾沾自喜一段时间。但当饥饿的人们来抢夺他们的财产，并推倒他们的围墙时，加密货币的信徒们会后悔开始了一个他们最终无法控制的过程。

类似于连锁信的货币可能会像我们所知道的那样终结世界，这听起来可能有些牵强，当然我也不是在做出预测。但我同时认为，人类不会在强大的激励机制下通过天马行空的幻想来毁灭自己。

# 第 10 章

# 腐败和堕落

我们从一个错误开始。一名会计伪造了一笔付款，没有人注意到贪污的种子已经种下。人们发现，他们即使没有很好地完成工作，也能拿到报酬和晋升。这时，一个组织的激励机制开始腐坏。

很多激励机制依赖人来管理。总得有人执行，总得有人发放奖励。一些机制，比如价格机制，以一种特殊、分散的方式招募这些人——任何买东西的人和卖东西的人都是机制运行的一部分。其他激励机制则依赖圈内人来管理适用于圈外人的规则。在殖民时期的越南河内，法国官僚是圈内人，而追捕老鼠的人是圈外人，圈外人可能会想方设法利用激励机制并破坏它。

但身处组织内部的管理者也不能幸免。激励可能会改变本应是其管理者的人。如果这些人腐败了，整个激励机制也会腐败。它会停止做它想做的事情，开始做一些完全不同的事情。

这样一来，激励机制很容易腐败。除非系统立即对扭曲的激励机制做出反应，并努力保持公平，否则失败就会得到奖励。腐败会钻进你最珍视的东西的缝隙里，慢慢地把它们腐蚀掉。

本章将展示科研界的激励是如何被本应支持它的组织所侵蚀的。这将表明，一种好的激励机制不能只是强大，偶然性激励发展迅速，快速反应是必要的。激励机制从来不会停滞不前，要想控制所有这些潜在力量，就必须时刻保持警惕和不断适应。但科学是出了名的进展缓慢。

| 如何让你的努力获得更好的回报：激励的惊人力量
| Incentivology: The Forces That Explain Tremendous Success and Spectacular Failure

## 科学之进步，一步一坟墓

2018 年，科研界虽然取得了重大突破，但癌症仍未被治愈，而且该学科还被挂了倒挡，一位著名研究人员的数十篇论文被撤回。这些论文大多是胡说八道，科研界也公开承认了这一点。他们承认，庄严的大学和受人尊敬的期刊一直在培养和推荐那些令人失望的人。

听到这些，你可能会非常惊讶，因为科研机构的组织原则之一就是不说废话，可以说，整个科学启蒙运动存在的理由就在于此。

那么事情是如何发展到这一步的呢？科研界有一群训练有素的专业人士，他们使用的是精心打磨的流程，旨在辨别真伪。它被设计成一个巨大的废话过滤器，所有的激励机制，比如假定值、出版物和教授职称，都是为了奖励那些追求真理的人。然而在 2018 年，我们得知这些过滤器失效了，激励措施都失败了，科研机构面临着非常痛苦的选择，要么让谎言继续下去，要么撤回这些谎言并承认自己的失败。它们既没有立即做出正确的选择，也没有毫无痛苦地做出选择，但至少有一些机构最终成功了。

虽然这是个好消息，但科研机构内部承认，激励机制正在走向失败，这意味着暴露出来的问题很可能只是冰山一角。这一重大发现并不是表明学科可以在压力下撤回糟糕的研究，而是表明学科可能已经变得腐败。

斯坦福大学教授约翰·约安尼迪斯（John Ioannidis）在 2005 年的一篇论文中称，大多数已发表的研究结果都是假的。当时并没有多少人注意到这一点。2015 年，这一说法又被人们提起，但这一次更令人吃惊，因为它出自著名的医学杂志《柳叶刀》（The Lancet）的主编理查德·霍顿（Richard Horton）博士之手。他写道：

> 反对科研的理由很简单：很多（也许是一半）的科学文献可能根本就是不真实的。受样本量小、影响小、探索性分析无效、利益冲突明显等困

扰，再加上人们痴迷于追求不确定的潮流趋势，科研界已经逐渐转向黑暗。

科学家不是坏人。很少有科学家会轻易地偏离美好和神圣的道路。他们有原则，而且大多数人都会坚持不懈。无论道德是与生俱来的，还是像我怀疑的那样，部分是通过早年接触正确的激励而习得的，它都是决定大多数人行动的强大因素。但问题是，放宽原则的研究者可以很容易地发表文章，并走在坚持原则的研究者之前。这是因为激励机制在科学家晋升的方式上造成了一个大问题。

科学家可能会因发现新事物而受到称赞，但并非所有的发现都是平等的。用以说明某种药物无法提高癌症存活率的数据是不太可能让你在实验室里喝香槟庆祝或登上头版新闻的。每个人都会庆祝优秀研究成果的发表，这也是我们想要的。我们希望科学家有积极的发现，然后将它们付诸实践，以造福人类。我们赞美牛顿和伽利略是因为他们的发现，而不是他们研究了什么以及发现了什么是行不通的。

如果发现就像挖金子，那么我们希望挖到的是金子而不是土。但找到金子的人不一定是最好的挖矿人。有伟大发现的科学家被誉为伟大的科学家，但我们也应该赞美那些有好发现的科学家。他们挖出的是闪闪发光的金子还是土，多少有些随机，不应该是他们能否成为教授并获得诺贝尔奖的决定因素。

稍后，我们将仔细研究科研事业的工作方式，这可能会让你松一口气，因为你从来不用上 12 年的化学课。但首先让我们来认识一下 2018 年以来所有未发表的研究结果和那些论文的背后的研究人员。

## X 射线视力胡萝卜和其他夸张之词

康奈尔大学位于美国纽约州的伊萨卡，是常春藤联盟成员校，这意味着它的学费很高。它拥有数十亿美元的投资账户。在建筑师将功能置于形式之上之前，

## 如何让你的努力获得更好的回报：激励的惊人力量
Incentivology: The Forces That Explain Tremendous Success and Spectacular Failure

那里的建筑主要是用石头建造的。那是一个美丽的地方，到处都是聪明的头脑和绿草如茵的四合院。

在康奈尔大学的一座古老的石头建筑里有一个食品品牌实验室，你可能听说过它的故事。它有一些著名的发现，例如，用更小的盘子盛放食物会让你吃得更少；如果食物的颜色与你盘子的颜色一致，那么你会吃得更多；如果你给胡萝卜贴上"X射线视力胡萝卜"的标签，孩子们就会吃很多胡萝卜。

布莱恩·万辛克（Brian Wansink）是该实验室的负责人，这个职位让他拥有了很高的知名度和可信度。他的实验室的研究不仅数量众多、影响深远，而且涉及的话题非常有趣、通俗易懂，对我们的日常生活非常有意义，比如如何少吃东西多喝水。

万辛克教授身材瘦削、金发碧眼，他待人热情，很喜欢笑。他拥有权力、金钱和声誉。他的研究成果发表在很多高级期刊上，包括《美国医学会杂志》(*The Journal of the American Medical Association Pediatrics*)，但他的文章一个接一个地找不到了，因为人们对它们有争议，最终它们都被撤回了。后来，他被发现有学术不端行为。2019年，他从康奈尔大学辞职。

他为什么会迷失自我？一些科学家可能更希望得到重大科学发现为他们带来的认可，而不是真相。万辛克要求他的研究人员找到能够"大规模传播"的研究成果。

万辛克的失败开始于一种充满诗意的正义感，没有哪位小说家敢去虚构这种正义感。2016年底，他试图写一篇鼓励积极进取的态度的文章。他在个人网站上发表了一篇博文（这篇博文名义上被删除了，但你要相信，互联网很难忘记某件事情）。这篇博文的标题是《从不说"不"的研究生》。

让我们暂时忽略这个标题的含义，把重点放在科学上。在这篇博文中，万辛克讲述了这样一个故事：他让他团队中的两位年轻成员查看一个旧数据集，看看他们是否能在其中找到什么。其中一位成员（领薪水的员工）说自己没什么发现，万辛克指责她缺乏动力；而另一位成员（无薪实习生）坚持不懈地用几十种方法来研究这些数据，直到找到了一些东西。万辛克在博文中赞扬了她的态度，他写道：

> Facebook、推特、《权力的游戏》、星巴克和动感单车课……当有这么多比写学术文章或为论文做分析更吸引人、更光鲜的选择时，时间管理就变得很难了。然而，我们中的大多数人永远不会记得昨天自己在推特或Facebook上读过或发布过什么。而且，这位女士的简历上将永远有以下五篇论文。

然后，他列出了他与那位有抱负的成员共同撰写的五篇论文。万辛克可能是最糟糕的老板，因为他拒绝承认自己会激励员工优先完成一些额外的工作。但最大的问题不在于他可能缺乏管理常识，而是他缺乏统计常识。将同样一种数据以10种不同的方式进行剖析，这不是一种可以被接受的假设检验方法。

就像盯着一堵松木墙一样，你看数据集的时间长并不意味着你就能找到更多的模式。正如万辛克需要被提醒的那样，在事实发生后用10种方法研究数据集并不是一种可被接受的假设检验方法。

虽然统计数据可能令人生畏，但如果使用得当，它们是一种工具，可以帮助我们识别那些真实存在但不总是发生的现象，这些现象是基于我们有时可能看到但并不总是发生的事情而发生的。随机性意味着数据中可能存在随机模式。统计的诀窍在于，以一种阻止你将随机模式识别为真实现象的方式来使用它们。如果你不断为单个数据提出理论，那么你一定会找到一个最终与随机模式相匹配的理论。这就是万辛克赞赏的无薪实习生所做的事情。万辛克无意中承认的学术犯罪正在把噪音变成信号，而科学家的工作应该是相反的。

万辛克及其研究生的研究结果被转化为"低价格和高后悔：价格如何影响你吃自助餐的后悔程度"（*Low Prices and High Regret: How Pricing Influences Regret at All-You-Can-Eat Buffets*）等研究。与大多数人的假设相反，这篇论文得出了以

## 如何让你的努力获得更好的回报：激励的惊人力量
Incentivology: The Forces That Explain Tremendous Success and Spectacular Failure

下结论：

为一次"任你吃到饱"的体验支付更少的费用会产生很多令人惊讶的后果；与收入较高的食客相比，较低收入的食客会感到身体更不舒服，更内疚，即使他们吃了同样多的食物。

这篇论文衡量了吃自助餐时的感受和价格的不同组合，事实上，价格、内疚和舒适之间的统计关系可能是偶然的。请注意，没有人称万辛克绝对是错的，但也没有足够的证据来确定他是对的。这篇论文后来被撤回了。

万辛克是在主动提供建议时被拉下马的，这很讽刺。因为一些不请自来的反馈让他的日子很难过。

在万辛克发表那篇博文之后，对他而言，戏剧性迅速升级，这是从博文的第一条评论开始的："布莱恩，你这是对学术过程半开玩笑的讽刺，还是你是认真的？我真希望是前者。"这只是批评之火中的第一个火花。下一条评论来自丹麦学者罗宾·科克（Robin Kok），他写道："你的学术行为是导致心理学垃圾研究泛滥成灾的最大原因之一，你才是应该感到羞愧的人，而不是那些博士后。"

从那以后，事情开始急转直下。数据切片、多重分析的方法只是冰山一角，整个实验室的被污染程度超出了你的想象。实验室的网站已被关闭，康奈尔大学的官网上也找不到该网站的链接了。

我们的故事的英雄是其他研究人员，他们对万辛克的所有研究成果进行了研究。其中一位研究人员是荷兰莱顿大学（Leiden University）的博士生蒂姆·范·德尔·泽（Tim van der Zee）。他建立了所谓的万辛克档案。这份档案包含了一份关于万辛克的论文以及所谓失败的简单列表。

档案有很多页。在结束时，人们可能会有这样的印象，即至少在万辛克的一些研究中，有一些数据在某种程度上是编造的。

由于万辛克的研究成果正在被付诸实践，因此这些学术上的失败造成了巨大的影响。2007年，白宫任命万辛克教授领导美国农业部膳食指南委员会。他的工作推动了一系列简单的改变［比如让水果在学校食堂（这些食堂被称为智能餐厅）里更显眼］，影响了最高层的政策。正如食品政策专家贝蒂纳·埃里雅斯·西格尔（Bettina Elias Siegel）所描述的：

> 到目前为止，美国农业部已经拨款840万美元直接资助智能餐厅的研究和实施，另外还拨款1000万美元帮助学校将智能餐厅的理念付诸实践。农业部现在还在要求学校实施一些智能餐厅技术，以获得"更健康的美国学校"的资格，而且奥巴马政府关于地方健康政策的联邦规则明确告知学区，美国农业部食品和营养服务部希望各学区仔细研究并使用智能餐厅的工具和策略，这些工具和策略被证明可以提高学生对学校膳食计划的参与度，同时鼓励他们消费更多的全谷物、水果、蔬菜和豆类，并减少浪费。

在某种程度上，万辛克的研究如此受欢迎并不奇怪。从本质上讲，他的研究正好符合我们目前对生活窍门的关注。你可以对你的生活做出简单的改变，正如最近上网的人都知道，这些是生活服务网站上非常受欢迎的主题，而那些能帮助你减肥的窍门就更好了。人们非常需要类似的研究结果，所以万辛克有很强的动机来丰富他的研究结果。他做到了，直到这一切都分崩离析。

## 门口的野蛮人

蒂姆·范·德尔·泽及其合作者付出了很多努力，令人印象深刻的不是他们发现了学术不端，而是他们取得的进展。蒂姆·范·德尔·泽孜孜不倦地工作吸引了其他研究人员的注意，他们声称，他们对其他领域的研究人员也进行了类似的调查并发现了大问题，接着他们就受到了一系列的打击。大学和期刊联合起来，保护它们自己。

事实证明，糟糕的研究在科研界无处不在。第一个直面恶魔的领域是心理学,心理学经历了并将继续忍受一场广为人知的"复制危机"。研究表明,以前的很多发现都不能被复制。这就提出了一个问题:如果这个发现现在不成立,那么它曾经就是真的吗?答案无从知晓。当心理学家从科学文献中翻出过去的发现时,他们发现很多著名的发现都是错误的,有些发现接近于学术不端。但撤回以前的发现也是非常罕见的。

科研界有一个被称为同行评审的过滤过程,专家会参与这个过程,以确保只公布真相。如果关于错误发现的声明是真的,那么同行评审显然是有缺陷的。

糟糕的研究结果正在被发表,这是一个可怕的消息,因为它一旦被发表出来,就很难被删除。你可能会认为,提出科学主张的人仍有举证的责任。但一旦一篇论文发表,作者似乎就能摆脱这种责任。论文发表的事实似乎可以作为辩护理由。

尼克·布朗(Nick Brown)是一名研究员,曾与蒂姆·范·德尔·泽一起调查万辛克。2017年,他描述了以下这种情况:

> 现在,我们所有的护卫都以同行评审的形式守在城堡外面,一旦这种方法失败,而且不好的事情过去了,通常就没有人知道该做些什么了。

撤回一篇论文所必须达到的标准远高于一开始就拒绝发表一篇论文所需要达到的标准。在论文还没有发表时,这种方法可能至少还有一些逻辑,当时人们没有办法与管理发表论文的人直接沟通,说明内容后来被证明有缺陷,但是现在一切都在网上进行,人们很容易立即编辑或取消发布一些内容,这就没意义了。把一篇论文发表在期刊上还不足以让它免受批评和审查。

在这里,我们观察到一种在腐败的激励机制中反复出现的模式。一旦系统变得足够腐败,一旦规则被内部人士扭曲,收益被分配给他们自己,系统就无法自我纠正了。

一旦论文发表,作者和出版商都能享受到它带来的回报,作者所在的大学也会因此受益。这些组织本应该维护诚信，但它们不愿撤回糟糕的论文，直到有时外界的强烈抗议迫使它们不得不这样做。

外部人士通常没有动机去推翻一个腐败的组织或个人，除非他们认为事情不应该变得如此糟糕（这是另一个例子，说明即使在激励机制陷入混乱的情况下，道德也能提供最终的指引）。但如果没有激励机制，很少有外部人士会采取必要的行动来实现变革。当一群没有报酬的评论家聚集在一起时，这往往表明事情已经完全超出了人们的想象。

如果你发现你所在的行业、组织和系统被外部人士包围，这就是说你做了错事，你最有可能做的是否认和掩盖（在这个阶段，腐败通常已经根深蒂固，根除它将使很多人失去名誉和生计）。如果你在这个组织中处于高层职位，尤其是如果你处于职业生涯晚期，那么与再花几年时间来证明现有模式的合理性相比，推倒一切、重新开始的成本肯定很高。

蒂姆·范·德尔·泽是一位学者，但他在科研界资历尚浅，他揭露万辛克错误的工作可以被视为超出了他的能力范围。当一种激励机制依赖愤怒的外部人士来纠正时，它就是一个失败的机制。它不再发挥预期的作用，而是被内部人士利用。

如果科研界的激励机制运转正常，那么研究人员在试图发表第一篇有问题的论文时就会被叫停，而且他们会明白，前进的唯一途径就是正确地进行研究。但相反，他们知道他们的研究可能很糟糕，而且很难被撤回。

撤回论文是罕见的，而冒险发表临时拼凑的研究可能很常见。一位知名教授收入不菲，可能介于康奈尔大学教授的平均年薪17万美元和美国收入最高的教授的年薪430万美元之间。一位顶级教授很可能会在他们的职业生涯中赚到数百万美元。

要不是有一些圈外人站出来支持良好的科学实践，万辛克现在还拿着教授的工资。如果他的知名度低一点，他的错误稍微少一点，或者他没有发表过那篇博

117

文，他可能就不会受到如此强烈的反对，而且他可能仍然会利用科研界中具有破坏性的激励机制。

万辛克是一个例外吗？有关他行为的大部分报道都集中在他本人身上，而不是使他做出这种行为的激励机制上。在某种程度上，他是一个特例，因为他被抓住了，并且被公开质疑。但他的行为可能并不罕见，这是激励的反常副作用之一。我建议，在接下来的几年里，我们应密切关注科学不端行为事件，因为几乎可以肯定的是，一定会有更多类似事件被曝光。

## 这是一条通往顶端的漫长道路

在科研界有所成就的标志之一是在期刊上发表你的科研论文。论文要么发表，要么放弃，而放弃是很常见的。科研事业生涯有一个所谓的"锦标赛"结构，入门级的竞争者很多，顶级的赢家很少。律师事务所和职业体育界使用的也是这种结构。

在科研界，金字塔的底部是由另一种激励机制构成的。资助计划会为大学各院系招收的每一位新的博士候选人提助资助。很多聪明乐观的年轻人进入比赛，他们一定是误解了锦标赛结构的残酷性。在他们的大学里，有权势的人都是教授，而且所有的教授都有博士学位。普通学生在头脑中已经建立起博士学位和权力地位之间的联系，很少有人意识到有多少博士在从事学术之外的工作。

2010年至2016年，超过43万名学生开始在澳大利亚攻读研究生学位（包括博士学位或研究型硕士学位）。在同一时期，6.5万人获得了这类学位。但到目前为止，有超过一半的学生辍学了。

顽强的幸存者可能认为他们成功了，但现在他们面临着一个新的可怕的事实：初级学者比高级学者多。2018年的一项研究衡量了生态学、天文学和机器人等学科的学术生涯的"半衰期"。半数已发表论文的研究人员在五年内选择了退出。这是一个比过去高得多的人员流失率。人员流失率最高的是天文学,从20世纪60年代开始,天文学在37年的时间里只保留了一半的科研劳动力。

科研生活是很艰难的,不仅是难在你想要的方式(即智力)上,职场中还充斥着欺凌、工资低、糟糕的工作时间和管理质量差等问题。在锦标赛这种机制中,幸存者通常会对机制给人带来的痛苦感到舒服。在某种程度上,这是因为他们是幸存者,并相信环境选择了高质量的性格特征。竞争的动力不会产生善良的动机。比赛机制令人不快,即使是那些看起来会赢的人也可能会退出。

以美国生物学家道格拉斯·普瑞舍(Douglas Prasher)为例。普瑞舍在生物发光方面做了一些具有开创性的工作,他是第一个成功克隆绿色荧光蛋白基因的人。他很愿意与其他科学家分享他的研究成果。然而,当2008年诺贝尔化学奖颁发给在生物发光方面做出基础性科研工作的人时,他却不见踪影,因为该奖项颁给了他与之分享他的发现的那个人。那时,普瑞舍已经退出了学术界,为丰田汽车的经销商开免费班车,每小时挣8.5美元。有时候,在科研事业中,似乎你既可以发表论文,也可以消失。

为了生存,有抱负的学者必须发表文章,而且要比同行发表更多的文章,并在地位更高的期刊上发表文章。这不是一个奖励严谨、进步、合作和分享的环境;相反,人们会有强烈的动机囤积数据、夸大结果,并试图在每次实验结束发表多篇论文。

科研事业需要巨大的投资。你需要用三至四年获得本科学位,然后是博士学位,这可能还需要三年、四年、五年或六年的时间。一旦进行了这项投资,再投资其他职业生涯可能就太晚了。在这种情况下,人们有强烈的动机去渲染结果,发表一些引人注目但不真实的东西。

科研机构(以及所有的科学标准、仔细的审查过程和受人尊敬的期刊)在理论上都是为了规避激励的副作用而设立的。它们应该把好关,把可疑的科研拒之门外。但在实践中，它们往往起到了推波助澜的作用，尤其是期刊。

## 期刊的力量

你可能听说过《自然》(Nature)、《科学》(Science)、《新英格兰医学杂志》(the New England Journal of Medicine)和《英国医学杂志》(the British Medical Journal)等学术期刊。

这些期刊不仅使学者们的研究得到了关注，而且使他们在其所在领域具有了可信度。如果你的论文发表在《自然》杂志上，那么你会赢得同事们的尊重，你将更有机会在科研领域拥有一份长久、快乐、高薪的工作。

《自然》杂志是如何决定刊登什么内容的？在经过同行评审后，它会剔除大量论文，只刊登那些特别令人兴奋的论文。如今，人们的注意力有限，因为不断有新的文章被发表，得到别人的关注是一种强大的激励。

但是，期刊只发表那些令人兴奋的研究成果就会存在一个问题。例如，如果你研究的是T细胞，想看看它们是否对大剂量的利妥昔单抗有反应，而且没人预料它们会有反应，而它们没有反应，那么你的发现并不会令人兴奋。这种所谓的零结果很难发表，当然，它们也很难在那些对科学家的职业生涯有好处的地方发表。

当然，大型期刊可能会通过发表零结果来消除人们对某些令人兴奋的发现的偏见，但它们的可信度和声望在很大程度上是基于这样的事实，即你可以在这类期刊上发表新的或更令人惊讶的，或者更好的是更有突破性的发现。

这种偏见的结果是，阴性结果不受科学家的喜欢，它们往往会被遗忘，而不是被发表。

假设有很多关于心理干预的研究，它们都表明心理干预没有效果，所以都没

## 第 10 章 腐败和堕落

有发表。因此，文献中没有关于这种干预的内容。一位科学家决定做一个实验来测试心理干预到底效果如何。由于随机变化，实验结果表明心理干预是有效的。这位科学家发表了这篇论文，并因这一发现赢得了喝彩，没有任何证据表明这一结果应该受到质疑。这就是我们所说的假阳性。一个阳性结果来自一个完全有效的科学研究（请注意，这个结果是由随机变化而不是不当操作造成的），但其效果在现实世界中并不可靠。因此，对阳性结果的偏爱对科研而言是一场灾难。

在科研界的各个领域，数百万项研究正在进行，这些研究可能永远都不会见天日。因为对期刊而言，它们有只发表阳性结果的动机，而对科学家个人而言，他们有很多动机从一开始就不发表阴性结果。写出你的结果本来就很难，而向期刊投稿的过程更难。你必须事先对结果保密，否则它们不会被发表，有时你甚至需要付钱给期刊才能发表。

更重要的是，你必须忍受同行评审的过程。同行评审会邀请无偿且匿名的审稿人，并赋予他们巨大的权力来要求作者修改论文或阻止论文发表。同行评审本身就值得写一本书来介绍。

不仅让参与评审的人匿名、无偿劳动并赋予他们强大的权力，而且他们是从你的潜在竞争对手中精挑细选的，这大概是人们能想到的最糟糕的方法。

很多人都很反对同行评审，其中最著名的是斯坦福大学基因组技术中心（the Stanford Genome Technology Center）的主任罗恩·戴维斯（Ron Davis），他在人类基因组计划中获得了丰富的经验。戴维斯被提名为我们这个时代最伟大的发明家之一，从那时起，他就痛恨拖延及其对科研过程的腐蚀作用。2016 年，戴维斯在一次演讲中这样说：

> 我对现在的评审过程不太满意。我每 10 年才能收到一次真正对论文有帮助的评审。据我所知，那些收到评审内容的人会把这些内容发给他们的一年级研究生，而研究生必须提出一些批评和一些实验建议，以证明他们读过这些论文。

戴维斯非常清楚地知道高级研究员的动机（请注意，他们经常匿名评审这些论文）：把工作交给别人，自己不需要付出太多努力就可以完成工作。对那些需要承担这些任务且劳累过度的可怜的研究生而言，他们有不同的动机，比如他们期望通过展示批判性思考的能力给导师留下好印象。同行评审是科研的守门人之一，但是传统的同行评审所涉及的激励机制并不利于评审按照预想的方式进行，而且这进一步限制了在期刊上发表论文的价值。

我的建议是，减少对论文正式发表前的同行审评的依赖。期刊可以不那么重视评审人的推荐，有时甚至放弃。发表后的审查和修订可以成为科研过程中更重要的一部分。

维基百科的经验是，论文发表后的审查和修订会吸引大量的目光，实际上这是一个相当有效的识别和纠正错误的过程。我并不是说每个人都可以在文章发表后编辑它，但发表后邀请更广泛的群体来反馈并进行迭代可能优于当前的模式。

任何对维基百科式的经验感到震惊的人都应该记住，维基百科曾被认为是一场灾难，但事实并非如此，而科研曾被认为是近乎完美的，但事实并非如此。大众的智慧不应该被低估。来自大众的筛选当然比使用少数编辑和同行评审人进行的精英筛选更民主。

事实上，在某些科研领域，尤其是物理和数学领域，一项名为 arXiv 的在线服务已经允许学者们预发表他们的论文，并从广泛的读者那里收集反馈。大多数人都会这样做，即使他们已经通过了同行评审，或者已经在有助于他们晋升的期刊上正式发表过论文。有些人则让他们的论文留在 arXiv 上，从不寻求正式发表。

## 面临风险的巨额资金

2012 年，哈佛大学图书馆抱怨订阅期刊太贵了。机构订阅费每年可能花费图书馆数万美元，因为有数千种期刊要订阅。这可能会让人感到不安，即使对拥有世界上最富有的捐赠基金的大学而言也是如此。

这也让人觉得不公平。大学每年向大型出版集团支付数百万美元，以获取自己员工撰写的研究报告。花钱研究，再花钱获得这些研究报告，这令人感到很恼火，尤其是这些研究很可能是由政府资助的。大型出版集团利润丰厚，例如荷兰信息和分析公司爱思唯尔（Elsevier）在全球范围内出版2500多种期刊，2018年的收入超过25亿英镑（约47.6亿澳元），利润率为37%。

好消息是，学术期刊和它们的不正当激励机制现在正受到围攻。现在，开放获取期刊（免费阅读）在总研究产出中所占的比例更大。更重要的是，一个强大的联盟正在聚集起来以支持这种做法。

在欧洲，13个国家资助机构现在坚持它们资助的任何研究都必须发表在开放获取的期刊上。虽然这并不能解决学术界所有的激励问题，但至少打破了最具影响力的期刊的垄断，为更广泛的变革创造了机会。

值得注意的是，这种变化只是由一大批强大的欧洲研究资助机构带来的。这不是单个研究资助者能够单独完成的事情，但是，一旦这个想法有了发展的动力，其他研究资助者就会蜂拥而至。比尔及梅琳达·盖茨基金（Bill & Melinda Gates Foundation）现在也会要求其资助的研究只能在开放获取的期刊上发表。

比尔·盖茨和半个欧盟联合起来打击出版业垄断正是摧毁根深蒂固的激励机制所需要的那种强大的推动力。顶尖期刊在科研领域的作用已经根深蒂固，没有人能凭一己之力与这些期刊决裂。向非付费期刊的转变可能会带来一个机会，动摇被很多人视为问题的一些其他负面激励。

## 收拾你自己的烂摊子

关于科研的好消息是它有时可以自我修正。万辛克撤回论文是一个令人欣慰的迹象。但多年来，他的一些论文仍会在文献中出现。这就够了吗？我们是否已经从马克斯·普朗克（Max Planck）关于科学因死亡而进步的话语中走了出来？理论物理学家普朗克实际上从未使用过"科学之进步，一步一坟墓"这个非常有名的说法。他说的是，一个新的科学真理的胜利不是因为它说服了反对者，使他们看到光明而获胜，而是因为它的反对者最终死了，而新一代长大了，并熟悉了它。

我认为，这既是真的，也是可怕的。有没有可能找到一种方法让科研"快速失败"？有没有可能让科学家们在面对证据时灵活地转变思路、承认错误，而不是死守教条和威望直到入土？

在启蒙运动早期，一个重要的科研机构是英国皇家学会（Royal Society），这是一个由那些有足够空闲时间和知识的人组成的组织，这些人对科研很感兴趣。1665年，在该协会成立后不久，他们推出了我们熟知的科研杂志《皇家学会哲学汇刊》(Philosophical Transactions of the Royal Society)。

该杂志的第一版中有"关于海上经度钟摆表成功的叙述"，其中介绍了这种计时器在人们航行至非洲西海岸佛得角群岛时的成功应用。在这篇文章发表的100年后，英国人还在拼命研究如何确定经度的问题。我们可以得出的结论是，这些计时器在导航方面的作用并不像作者在文章中所暗示的那样可靠。为什么这么快就把这些内容写出来？作者在论文中承认，他已经为这些计时器申请了专利。这确实可能是文献从一开始就被不当激励影响的证据。

在那以后的350年里，令人惊讶的是，即使科研界发生了翻天覆地的变化，出版业却几乎没有什么变化。

当时，在期刊上发表研究结果是一种新的、令人兴奋的最佳做法。如果研究结果没被发表，或者发表的研究结果是错误的，那么只有一两部作品会被引入歧途。但现在，我们可以把目标定得更高，我们也需要这样做，因为现在的科研界已经大不同了。数以万计的研究人员在世界各地辛勤工作，研究癌症和艾滋病等重大疾病。如果研究结果没有立即公布，进展就会放缓，工作可能会被重复，造成浪费。有这么多人参与其中，任何不知道最新发现（无论是阳性的还是阴性的）的人的代价都是巨大的。

现在，及时是最关键的。在这里，我们可以看到价格机制和科研之间的对比。价格机制是动态且不断自我更新的，而科研的变化却极其缓慢。这对激励机制而言是可怕的。当失败被允许存在，它就会得到奖励。一个自我修正缓慢的系统是一个失败的系统。

如果你依赖的仍是只有被证明有问题才会撤回论文，那么你注定会丑闻不断。如果你把发表小的、负面的发现视为一个缓慢而痛苦的过程，它们就不会被曝光。为了让科研界的激励机制正常运作，发表和撤回论文的速度都需要加快。

我认为科研界迫切需要一个新的期刊体系、一个新的职业发展体系和一个新的同行评审体系。但更重要的是，它需要在元水平上具有相同的适应速度。在科研界目前的激励机制下工作的人会不断受到诱惑，偏离最原始的道路。我们现在最需要的是一个能帮助他们尽快回到正轨的系统。

为了让更多内容丰富的论文发表出来，让它们的优点和缺点被看到，让它们适应批评，让科研文献更有活力一点，请多给它们一些时间。要让人们认识到一位优秀的科学家不应该回避批评，而是应该积极地回应批评。这是一种将有助于促进科研发展的激励机制。

# 第 11 章

# 公　平

人们是如何以某种和谐的方式生活在一起的？我们如何避免无政府状态？答案是规则，以及惩罚违法者的权力。

毫不夸张地说，司法制度维持着文明。文明本身就是一系列的协议。我们同意放弃杀人的机会，是为了防止自己被杀；我们同意不拿别人的东西，是为了不让别人拿走我们的东西。这些协议是互利的，但也很脆弱。激励机制极力鼓励人们做对双方都有利的事情，目的就是保持它们的完整性。

通过承诺对违法行为进行惩罚，我们的目标是将行为从其自然状态（表现为一些不必要的自私和暴力）转变为更良性的平衡状态。但我们需要有信心，任何违法行为都将受到惩罚，为此我们需要依靠专业人士来执行这些激励机制。

提供正义的激励措施可以是非正式的。例如，在一个假设的由几百个人构成的小社会中可以通过报复来实现正义。但在现代社会，正义往往都是正式的。大量的法律规定了什么是允许的，以及机构要执行这些法律。这是好事，因为与历史早期相比，现在有更多不同类型的互动，可能与你互动的人数也成倍增加。对一个生活在城市中，并通过电子产品和面对面接触进行互动的物种而言，简单的报复无法应对挑战。

伸张正义的动机主要是惩罚，这与发放奖励截然不同。人们会来索取他们需要的东西，却逃避相应的惩罚。奖励和惩罚在概念上可能是相似的，但当涉及管

# 第 11 章 公 平

理它们时，却有着完全不同的要求。

实施惩罚很快就变成了管理那些应该执行惩罚的人的工作。你不能只是在办公室里等着，希望犯错的人自己来承认错误。寻找不法分子的人必须是流动的，并且拥有权利，这就是警察配备汽车和武器的原因。惩罚的适用性成为为正义而设计的激励机制最重要的特征之一。正如我们将看到的，这些复杂的实践为激励机制的崩溃埋下了很多伏笔，因为监督那些拥有汽车、武器和大量自由裁量权的人如何工作是很难的。在没有严格监督的情况下，惩罚管理往往比奖励管理更容易腐败。司法体系中的所有等级和形式（从警察的制服到法官假发）都代表着我们的社会试图创造完善的结构来遏制这种趋势。

但在很多情况下，制服和徽章是不够的。据透明国际（Transparency International）[1]称，世界各地的一些警察和民选官员都很腐败。

当司法体系中的激励机制失效时会发生两件事。第一，我们人类对正义的自然愿望被挫败了。这种愿望根深蒂固。研究表明，动物有追求公平的欲望，想想这么多动物成功地生活在社会群体中的事实，这就说得通了。第二，我们的社会正在从文明状态倒退，而我们的法律却如此雄心勃勃。具有讽刺意味的是，这些激励机制只需要得到其信任的管理者的推动，就会成为严重不公的根源。

在本章中，我们将通过两个例子来研究司法系统。在其中一个例子中，激励是非常明确和直接的，在另一个例子中，人们很容易认为激励机制根本不会起作用。

## 通缉告示带给我们的教训

通缉告示上通常会有一张模糊的照片和一笔丰厚的赏金。通缉告示是激励机

---

[1] 透明国际是一个监察贪污腐败的非政府、非营利、国际性的民间组织。——译者注

制最具标志性和最明显的用途之一。这不是一种隐藏的激励，甚至不是一种复杂的激励。没有任何条件，这个亡命之徒要么死，要么活。

对抓捕一些最著名的罪犯的奖励是巨大的。1880 年，比利小子（Billy the Kid）价值 500 美元；1902 年，布屈·卡西迪（Butch Cassidy）价值 4000 美元；杰西·詹姆斯（Jesse James）的赏金随着他逃避抓捕而稳步上升，在 1882 年达到了 10 000 美元。

经典的电影情节是这样的：当逃犯在餐馆或类似的地方出现时，电视上正播放着突发新闻，警方正在发布他们的照片并警告公众。在任何这样的场景中，店主表现出的正义都是一个主要因素，就像逃犯逃跑时轮胎发出的刺耳声音一样。

在第 2 章中，我们提到过古德哈特定律，它是关于当你使用因果关系进行控制时，看似牢固的因果之间的联系是如何变得虚无缥缈的。我们还介绍了古德哈特定律有一个"亲密的伙伴"——卢卡斯批判。这一批判在经济学界很有名，它假定当你干预一个系统时，你所知道的关于人们行为的一切以及你观察到的关系都会发生改变。

餐厅里的那一幕是卢卡斯批判在一个使你肾上腺素升高、后果严重的暴力事件中的具体化场景。是的，可能会有人提供逃犯的一些信息，但前提是他们需要知道警察需要这些信息。但当警察让逃犯出现在通缉告示或者电视等其他媒体上时，一切都变了。

对抓捕罪犯进行奖励将产生意想不到的后果，遇到不法分子的守法公民将面临更大的风险，而且亡命之徒也有了更强的逃亡动机。这也是历史上通缉告示在抓捕罪犯方面表现得不尽如人意的原因。

通缉告示给我们带来了一些关于实施激励机制的教训：通缉告示会使罪犯藏得更深；赏金并不总是在该发放的时候发放；而司法体系的管理者，也就是警察，也可能会以某种方式受到赏金的影响，而这种方式会影响司法公正。

第 11 章 公 平

## 赏金对司法体系的影响

在一个完美的世界里，我们有足够的警力来打击犯罪，而不需要志愿者。我们把所有打击犯罪的激励机制都用于警察内部，我们可以监督他们的表现，提供薪酬和晋升机会，并为他们严格控制意外后果。

但并没有完美的世界。赏金仍在警务工作中经常使用，特别是在收集新信息非常困难的所谓悬案中。纵观历史，赏金最具突出贡献之时通常意味着人们离完美还有很长的路要走。美国边境就是很好的例子。美国西部不仅体现为自然意义上的荒凉，而且体现为人们行为上的恣意妄为。这也是一个官僚混乱的地方。20 世纪后期，斯图尔特·特劳布（Stuart Traub）在赏金狩猎方面的研究走在该领域的前沿，他写道：

> 由于缺乏有效的执法机制，美国西部的违法现象尤为严重。19 世纪末，这些领土由美国法警、民选治安官和警察、地方警察部队以及印度官员管辖，至少地方、州和联邦的执法是混乱、不稳定和相互矛盾的，而且在很多情况下，执法是出于政治动机且武断的。

执法经费整体不足，法官未经培训，大多数城镇都没有像样的监狱，有很多藏身之地，而且所有的东西都很贵。证人经常需要长途跋涉才能出庭，而且没有补偿，所以他们可能不会出庭。因此，罪犯经常逃脱或被判无罪。那里拥有薄弱的激励机制所造成的所有混乱。规则重叠，惩罚没有得到执行。

为了弥补这些弱点，19 世纪，随着美国边境从俄亥俄州向西移至犹他州，赏金出现了，通常在 25 美元到 100 美元之间。由于迫切希望阻止包括邮件抢劫和伪造在内的一系列联邦犯罪，因此美国政府是第一个提供赏金的政府。但这是一个缓慢的过程，司法部部长必须批准每一笔悬赏。正义很少得到伸张。

罪犯及其同伙很少会出卖彼此。如果普通公民掌握了有可能逮捕罪犯的信息，他们通常都会提供这些信息。几百美元很少会让一个人出卖他的兄弟，或者

## 如何让你的努力获得更好的回报：激励的惊人力量
Incentivology: The Forces That Explain Tremendous Success and Spectacular Failure

花几天时间在荒野中骑马寻找罪犯。作为司法体系中的一种激励手段，悬赏常常以失败告终，因为追捕坏人代价高昂，这还没有考虑失败和死亡的可能性。反向奖励的代价更加高昂。

1881年，美国副元帅马歇尔·JW.埃文斯（Marshal JW Evans）写信给他的上级申请资金。在亚利桑那州，牛仔一直在犯罪。他认为一支由200人组成的队伍需要30天的资金资助和装备，以1881年时的美元计算，费用接近30 000美元。作为一个在公共服务部门工作过的人，我一看就知道这是一个大概的数字，他实际得到了多少资助并没有记录。

有钱提供丰厚赏金的机构往往不是政府部门，而是遍布西部地区的企业。铁路和贸易公司的势力范围比地方执法人员要大得多，他们抓捕罪犯的愿望跨越了州界。此外，他们财力雄厚，有能力提供吸引眼球的赏金。道尔顿帮的每一位成员都价值5000美元，这笔资金是由密苏里州、堪萨斯州和得克萨斯铁路公司提供的。

在那个工人每天只有1.5美元工资的时代，5000美元是很大一笔钱。然而，追求赏金并不是一种伟大的职业。如果你相信好莱坞，狂野的西部到处都是赏金猎人，但历史学家遗憾地告诉我们，真正的职业赏金猎人其实很少或根本没有，因为干这个工作很不划算。赏金是断断续续支付的，而且很久才会支付一次。那些拿到赏金的人通常是投机取巧的当地人，他们偶然间得到了意外之财。正如比尔·邓恩（Bill Dunn），他和道尔顿帮的两个成员偶然有过一次接触。

1895年5月2日，比尔·邓恩和他的一位兄弟开枪打死了查理·皮尔斯（Charley Pierce）和比特克里克·纽科姆（Bittercreek Newcomb），因为他们的马在邓恩的谷仓里吃东西。尸体被带到俄克拉荷马州的加斯里，邓恩和他的兄弟们拿到了5000美元的赏金。

这是另一种情况，我们无法确定赏金起了什么作用。如果没有赏金，也许比尔·邓恩只会提醒警长，有人进入他的谷仓。这不仅能救两条命，而且会省下

5000 美元。

赏金并不总是能伸张正义，有时也会产生特殊的副作用。我最喜欢的一个关于副作用的例子来自 1813 年的路易斯安那州。在法国出生的海盗让·拉菲特（Jean Lafitte）在墨西哥湾犯了一系列无耻的罪行，路易斯安那州州长悬赏 500 美元捉拿他。拉菲特因在海湾国家及其水域走私毒品而闻名，但关于他的信息很少；相反，不久之后，拉菲特（或他的一位盟友）在新奥尔良到处张贴海报，悬赏 500 美元捉拿州长。美国人从未对拉菲特下手，但几年后，拉菲特在加勒比海与西班牙海军的战斗中丧生。

使赏金制度更加不可靠的是管理它的方式。那些掌管钱袋的人都是有权势的人，而前来认领赏金的人通常都是没有权势的人。赏金往往无法支付。

罗伯特·福特（Robert Ford）的故事是一个典型例子。福特打入了臭名昭著的杰西·詹姆斯团伙，赢得了其头目，也就是詹姆斯的信任。后来，杰西·詹姆斯被通缉，福特和当局保持着联系。

1882 年 4 月 3 日，福特枪杀了詹姆斯后自首，并联系警方索要 10 000 美元的赏金。但是这个击中詹姆斯后脑勺的人，很快得到了坏消息。第二天，《圣路易斯邮报》（the St Louis Post-Dispatch）称福特的行为是"冷血的背叛"，这一指控可能帮助司法体系省了 10 000 美元。福特没有得到奖励，而是被判处绞刑，然后作为安慰，他被赦免了。福特自由了，但他一直没拿到他的钱。

当公民无法拿到赏金时，警察却将他们抓了起来。你可能会惊讶地发现，警察可以拿走赏金。他们当然可以，而且警察努力工作就是为了拿到钱。一个名为落基山侦探协会（the Rocky Mountain Detective Association）的警察志愿组织会发布有关不法分子的信息，并确保如果坏人被抓到，其成员就会得到报酬。

是否应该允许执法部门领取赏金呢？一种观点认为不应该。当警察正在寻找定罪机会的时候，赏金猎人可以把尸体带过来。对警察而言，先开枪后问问题可能有双重动机：他们不审判死者，如果你带来的是死人而不是活人，那么你就不必出庭或收集证据。

在美国，这不是赏金影响警察行为的唯一方式。当警察开始拿走赏金，一些警察被指责在赏金公布后才会开始逮捕，他们本可以更早开始行动。美国的警察真的会这样做吗？读到这里，我希望你们能猜到答案。可能有些人会。激励的力量足以让一些人至少在某些时候忘记了他们更高的目标。

赏金制度是一个简单的激励机制，它几乎没有对促进司法体系的进步起到什么作用，甚至可能扭曲了司法公正，正如我们将要看到的。遗憾的是，这并不是执法过程中的非典型案例。

## 可能不可靠的法医

当谈到司法公正时，在某些领域，人们很容易相信那些不可靠的激励机制。前线的缉毒警察可能很容易受到诱惑，但在其他领域却不是这样的。例如，在法医学这样一个我们想象的无菌且中立的领域，真相会得以确定。但遗憾的是，我们未能将操作环境密封起来，使其免受不当激励的影响，在美国尤其如此。一些强有力的调查性新闻报道使一系列令人眼花缭乱的失败案例频繁被曝光。

2010年2月，格雷格·泰勒（Greg Taylor）从北卡罗来纳州的一所监狱获释。泰勒不仅自由了，而且还被宣布无罪。

泰勒再次见到他的女儿时欣喜若狂，他说："我进监狱的时候她才9岁。我错过了她的10岁生日，我错过了她的16岁生日，我错过了她的婚礼，我错过了我孙子的出生。现在所有这些都回来了。"

1991年，人们在北卡罗来纳州拉利的一条街上发现了一具妇女的尸体。这名妇女被殴打致死，泰勒的卡车就停在同一条街上。当他第二天早上去取他的卡车时，警察逮捕了他。他们在他的卡车后面发现了血迹，泰勒被判谋杀罪入狱。

北卡罗来纳州无辜者项目（the North Carolina Innocence Project）在调查了泰勒的案件后，推翻了对他的定罪。他们证实了警察在他卡车上发现的污渍根本就不是血。在泰勒被捕和受审时，一个法医实验室对这些痕迹进行了多次测试，第一个测试发现了血液存在的化学指示，但随后的测试发现这不是血迹，司法律团队（包括控方和辩方）从未看到后来的报告。法医实验室知道警方想要什么，当已经抓到一个嫌疑人时，逆转是非常难的。

泰勒的情况并非个例。这个实验室在另外230起案件中也做了类似的事情，隐瞒了可能导致无罪判决的证据，而提交了可能导致有罪判决的证据。

正如学者罗杰·科普尔（Roger Koppl）和梅根·萨克斯（Meghan Sacks）所写的，警察、检察官和法医往往有对某人定罪的动机，而很少或根本没有给正确的人定罪的动机。

定罪率高的警察似乎工作非常有效率。而且，当推翻定罪的机制很少时，也很容易对无辜当事人定罪。当法医科学家与警方密切合作时，他们也会受到这种激励机制的影响。

科普尔和萨克斯将法医科学家归入了他们认为可能会受定罪动机影响的群体。在第10章中，我们看到科研规则被激励的力量化为灰烬。但是，当在司法体系中进行错误的科研时，被毁掉的不仅是科学，还有正义。

科普尔认为，错误定罪的现象可能会很猖獗，但是我们很少会发现。判断刑事定罪的准确性的方法很少，系统的存在是为了提供最终的决定。当技术进步允许在定罪后进行额外的裁定时，可能就会出现例外。例如，当DNA证据首次被提出时，人们就有可能追溯前几年的案件，并测试错误定罪率。一项尝试这样做的研究发现，这一比例高达3%，令人担忧。这表明司法体系存在着重大且可怕的失败：每1000个被关押的人中，就有30个人可能是无辜的。法律本应在确定人们有罪之前确保无辜者的自由。如果错误定罪率真的是那么高，那么司法体系就真的出了问题，而在美国，至少其中部分问题源自对法医科学家的激励。

133

电视节目给了我们一个关于法医是如何工作的错误印象。美剧《海军罪案调查处》（NCIS）中有一位著名的法医，他是调查小组中不可或缺的一员。你知道为什么这不是个好事吗？

在电视节目之外，人们难免会对执法调查人员有偏见。他们有犯罪统计目标要实现，而且他们也想实现这些目标。案件需要被调查清楚。与警察密切合作的法医可能会面对这些压力，并提供支持警察想要立案的证据，这是有风险的。

坏消息是，在很多地方，法医服务不是完全独立的。例如，在我居住的维多利亚州，警察部队中有一个庞大的法医服务部。在一些地方，警察内部会设置法医部门，而在其他地方，会在外部设置法医部门，但创建一个独立的机构来完成法医工作并不能保证其工作的独立性，也无法保证资金到位。

美国的一种做法特别值得一提。在美国的某些州，法医实验室的资金来自法院。如果被告被判有罪，那么法院将向实验室支付费用，这意味着只有当实验室帮助定罪时，法院才会向实验室支付费用。一位前联邦调查局实验室技术人员是这样说的："人们都说我们对控方不利，可这就是我们要做的！我们要拿到证据并交给控方。"

有时候你需要陈述一些显而易见的事情，即使你会觉得这很糟糕。

我们大多数人，包括陪审团中的大多数人，都相信法医学是不容置疑的。DNA证据尤其重要，但法医提供的证据和所有其他证据一样容易被人怀疑，它不仅取决于是否被正确收集，而且取决于人们的主观判断。

以取指纹为例。在一项研究中，一位研究人员向五位专家展示了一对指纹，这对指纹是几年前他们在其他案子发现的。这些专家都是经验丰富的从业者，平均每人有17年的工龄。但在第二轮评估中，五位专家中有四位给出了与第一轮完全不同的意见，其中三位说不匹配。还有一位虽然给出了与第一轮不同的评估结果，但他没那么自信，说信息不足。研究人员为这些专家提供了不同的背景信息来影响他们的决定：在评估之前，他们被告知这对指纹不匹配。

## 第 11 章 公　平

不匹配的细节本身就表明了取证的主观性和偏见。在这种情况下，专家们被告知，这些指纹是美国联邦调查局在 2004 年马德里火车爆炸案中错误匹配的一对。在这个真实的案件中，联邦调查局为来自俄勒冈州的律师布兰登·梅菲尔德（Brandon Mayfield）提供了"百分百匹配"的身份证明。梅菲尔德曾经在美国军队服役，所以他的指纹被记录在案，但在爆炸发生前，他皈依了其他宗教。美国政府将他关了 14 天，直到欧洲调查人员指出，指纹实际上并不匹配。后来，理智占了上风。

"期望找不到匹配的指纹"这个背景信息足以改变五分之四的专家对他们之前宣称匹配的指纹的评估。这很重要，因为当警察和法医专家密切合作时，警察可能经常会向实验室提供背景信息，这会使研究人员的结果产生偏差。

我们以下面这个故事为例。一位警官告诉了法医他对武器的预判："我们知道这家伙向受害者开枪，这就是他用的枪。"他接着说："我们只想让你确认我们已经知道的事情，这样我们就可以把这个坏人抓回来。我们会等你，你需要多久？"后来，法官给了他们即时的证据，嫌疑人供认不讳，并带领警方找到了第二支手枪，其口径和型号与被检手枪相同，检验证明它才是真正的凶器。

在美国的数据中，法医腐败表现得尤为明显。调查显示，这比你想象的要糟糕得多。例如，2008 年 9 月，密歇根州警察局发现弹道证据的错误率为 10%，因此底特律警察犯罪实验室被关闭。

不仅仅是美国的法医学一团糟，澳大利亚的一个案件也尤为引人关注。22 岁的索马里男子法拉·贾马（Farah Jama）被判 2006 年在墨尔本一家夜总会强奸了一名 48 岁的女子。那个女人昏迷不醒，因此从未指证过他；没有目击者记得在夜总会的成年人单身之夜见过他。而强奸案就是在那里发生的，他坚决否认自己去过那里。

贾马在入狱 16 个月后获释，检察官承认他从未到过现场。然而，他们也承认，在对所谓的受害者进行 DNA 检测的 28 小时前，他的 DNA 在同一个实验室

# 如何让你的努力获得更好的回报：激励的惊人力量
Incentivology: The Forces That Explain Tremendous Success and Spectacular Failure

出现。

这是一个可怕的错误。

定罪的依据不仅仅是混淆的证据。司法体系的定罪动机也发挥了作用。司法制度是将我们的社会、经济和民主联系在一起的三大激励机制之一。如果它腐败或失败了，那么谁来纠正它呢？

答案令人担忧。在美国，很多免责都是由无辜者项目完成的，这些项目由非营利实体运营，主要设在大学里，由法学本科生提供志愿服务。密西西比州有一个特别著名的无辜者项目，它由一位法学教授领导，由畅销书《糖衣陷阱》(*The Firm*)和《塘鹅暗杀令》(*The Pelican Brief*)的作者约翰·格里森姆（John Grisham）资助成立。格里森姆值得称赞，他帮助几个无辜的人出狱，也帮助几个有罪的人入狱。

然而，任何依赖一位畅销书作者来提供临时制衡的激励机制，都可能对产生自己的激励机制没有足够的兴趣。我来陈述一个一般原则：仅仅依靠公民的好奇心和/或愤怒来平衡腐败的激励机制是远远不够的。这就像依靠革命来改变独裁者，你需要内部的制衡和监督系统，以保持激励机制按预期运行。否则，司法激励机制可能会恶化到一定程度，即它们不仅破坏了警察和法院的原则，而且也破坏了它们所支持的目标。当这种情况发生时，人们可能会反对这种机制。

## 从激励的角度重新审视权力

科学和正义的原则对其他组织也适用。组织和机构的激励机制往往会衰退和扭曲，直到它们的指导原则面临风险。一旦激励机制的管理者也能从该机制中受益，该机构的整体原则就会受到破坏。

我们还没有提到的最重要的制度是民主。民主是一种激励机制。在选举时，从理论上讲，谁有最好的想法，谁就会当选，而且如果他们能很好地实施这些想法，他们可能会连任。这是一个强大且简单的激励结构，鼓励公平治理。

受益于该制度的民选官员反过来也会影响该制度。他们会想方设法地使激励机制符合他们的利益。民选官员为选区的边界划清界限，以确保他们不会输。他们接受竞选捐款以支付广告费用，这样他们就可以不断地出现在公众视野中。这些因素以及其他因素对选举结果的影响，远远超出了我们在最佳候选人获胜的乌托邦情景中所希望的。愤世嫉俗的人们耸耸肩，说事情就是这样。但每一次耸肩都加速了民主所代表的天真、理想主义愿景的衰败。

自由市场制度是一种容易衰败的制度。从理论上讲，自由企业制度是一种激励机制，在这种制度下，以最好的价格销售最好产品的企业增长最快。企业受益于稳定的民主，自由市场因税收、监管和竞争而具有合法性。但一旦企业发展到足够强大，它们也会对这些系统进行投入。它们的政治权力可以侵蚀税收、监管、竞争以及自由企业的合法性，直到人们想要推翻所有制度。

首席执行官薪酬是这种模式的一个典型例子。高薪是一种激励机制，可以让公司的高管尽可能表现出色。但是首席执行官及其盟友会协助制定高管薪酬，即使他们聘请薪酬顾问或任命薪酬委员会，预期也是明确的。激励的受益者参与了管理激励的过程。

人们常说，权力导致腐败，但通过从激励的角度来看权力，我们可以重新审视它。就像将地图旋转180度一样，用新视角看待一个熟悉的问题可以帮助我们发现以前从未见过的关系。

然而，我们还没有结束与不法分子的斗争。

# 第 12 章

# 不公正、躲避和反抗

1878年，一名男子正在逃亡。这个被通缉的人没有躲在俄亥俄州、堪萨斯州或怀俄明州，没有被大型铁路公司或美国联邦政府追捕。他就是历史上悬赏金最高的人——爱德华·"内德"·凯利（Edward 'Ned' Kelly），澳大利亚的一位森林护林员。

用他自己的话说，他是亡命之徒。尽管他只活了25岁，但他的故事已经成为澳大利亚最经久不衰的神话之一。关于他的文字和言论比历史上任何其他澳大利亚人都多，他已深深地融入了澳大利亚文化。一本关于他的书获得了布克奖（the Booker Prize），米克·贾格尔（Mick Jagger）和希斯·莱杰（Heath Ledger）都在作品中描绘过他。在无数俗气的纪念品上可以找到他，在国家美术馆的几件价值连城的艺术品上也能找到他。他的故事支撑着澳大利亚旅游业的发展，但关于是否应该纪念他的争论仍在继续。

正如第11章所讨论的那样，司法体系与我们脆弱的文明维系在一起，它可以防止潜在的破坏性暴力和混乱的暴发。但是，司法体系中的激励机制可能运行不当，并走向不公正。

如果你以一种反复无常、不可靠、不公正的方式运行激励机制，你就无法收获激励应该产生的行为，这是一种浪费。但一种失败的激励机制可能比浪费更糟糕，它会助长对管理这种机制的机构的不信任、蔑视该机构的权威，以及在极端情况下对该机构竞争对手的支持。一个基于良好理念设立的激励机制，如果对其管理不善，最终可能引起对其运营者的反对。如果民主制度腐败，人民就可以反对所谓的民选官员。如果司法体系腐败，罪犯就可以在公众的支持下反抗警察。

反抗可以使一些罪犯成为民间英雄。在这一点上，我们一起来回顾历史上这个最值得奖赏的人。

抓到凯利的赏金是 8000 英镑（在 1878 年，这相当于 39 000 多美元），这几乎是杰西·詹姆斯 10 000 美元赏金的四倍。按照现在的工资水平来考虑，赏金接近 450 万澳元。在美国政府悬赏 2500 万美元捉拿奥萨马·本·拉登的首级之前，这一赏金一直是历史上最高的（按通货膨胀调整后的价格计算）。

顺便说一句，对本·拉登的赏金与对狂野西部的赏金类似。本·拉登的藏身之地管理不善，警察几乎没什么用武之地，美国的调查能力更差。更重要的是，赏金根本不起作用，尽管本·拉登藏身的地区很贫穷，但从未有人领取这笔赏金。

捉拿凯利的赏金远远超过了一个普通人一辈子所能得到的。然而，它其实没什么作用。由于对他的大规模搜捕一直在进行，凯利在维多利亚的灌木丛中自由地生活了近两年。

## 反对残酷和不公平地使用权力可以推动正义

维多利亚州位于澳大利亚的东南角，是澳大利亚大陆最小的州。然而，在我撰写本书时，它已经成为澳大利亚人口第二多的州，因此也是澳大利亚大陆人口最密集的州。

维多利亚州东北部多山，西部有牧场，几乎没有寸草不生的沙漠。东北部是世界上最特别的地区之一：骄傲的桉树直冲湛蓝的天空，玫瑰鹦鹉像战斗机一样在树干之间快速飞行，凤头鹦鹉成群结队地玩耍。

## 如何让你的努力获得更好的回报：激励的惊人力量
Incentivology: The Forces That Explain Tremendous Success and Spectacular Failure

这片生长着繁茂树木的山脉很古老，它并不是由地质板块碰撞而形成的新景观。数百万年来，澳大利亚大陆一直处于侵蚀过程中，但侵蚀并没有形成温和的苏格兰沼泽或起伏的丘陵。这些山多岩石，山势险峻。袋鼠在山谷的草原上穿行，沙袋鼠在山坡上的蕨类植物中跳跃。冬天下雪，夏天会有火灾。这就是凯利多年来自由生活的国家。

凯利的案例是个悖论。人类天生渴望正义，虽然凯利公然藐视司法制度，但他还是获得了大量民众的支持。他是一个暴力罪犯，也是一个英雄。

为什么这样说？维多利亚州的警察局一片混乱。19世纪警察队伍的腐败是我们了解凯利时必须了解的背景。凯利之所以能赢得同情并不是因为他喜欢抢劫和杀戮，而是因为他会对抗警察队伍，而大多数人都认为警察队伍是可怕的。

凯利的标志性盔甲也许是最著名的，头盔遮住了除了眼睛之外的一切，但另一个使他在澳大利亚民间传说中占据中心地位的原因是杰里尔德里之信（Jerilderie Letter）。这封信写于1879年，是一篇8000字的回忆录（也是一篇长篇演讲稿或宣言），包含了很多杀戮和威胁的细节（信中虽然几乎没有标点符号，但也几乎没有拼写错误）。他的语言比任何一个护林员的语言都要诗意得多。

杰里尔德里之信充满了血腥，但他却被人们崇拜。为什么会这样呢？

他是一小群罪犯中的一员，他们的行为刚好满足了我们的正义感。他就像从诺丁汉的富人那里抢劫的罗宾汉，抢劫世界上最强大的海军的海盗，或者美剧《火线》（The Wire）中抢劫凶残毒贩的奥马尔。当一些罪犯以强大而不公正的权威为目标，并长期反抗这些权威时，他们的反抗就上升到了另一个层次。

如果罪犯可以通过藐视法律而成为民间英雄，这就表明法律的权威已经变得与《火线》中毒贩所行使的权威一样不合法。

这就是试图通过实施激励机制来实现非常合理的目标的风险。这种激励在理论上可能会奏效，但在实践中，它的实施者可能会令人失望，他们可以使一个运行良好的制度变得残酷和不公平，惩罚所面临的风险尤其严重。如果我们任由那些实施惩罚的管理机构腐败并深陷腐败，那么反对这些激励机制的人可能会博得公众的同情，而这些激励机制最初支持的崇高理想可能会在人们实际应用时感到的愤怒中被遗忘。

管理不善的惩罚制度可能会破坏我们原本想要实现文明的目的。无论我们在政府工作还是作为公民，我们都必须反对那些容忍人们曲解规则的人。我们需要记住的是，对规则的豁免会以一种可怕的方式创造先例。当涉及警察时，严肃、严格地监督激励机制的实施尤其重要。

那么我们应该敬佩像凯利这样的人吗？我觉得应该，但前提是我们要弄清楚这样做的原因。不是所有的权力都是良性的，反对残酷或不公平地使用权力可以推动正义。

## 被偏袒、轻率的决定和腐败所困扰

如何能防止腐败？谁来监督监督者？这是任何一种激励机制面临的关键问题之一，对警务体系而言尤为关键。

2018年，警察腐败经常成为头版头条新闻。警察给无辜者定罪、让罪犯逍遥法外、从犯罪现场拿走钱财、破坏司法公正、利用辩护律师作为告密者，以及经常为达到自己的邪恶目的而滥用职权，都表明为警察设置的激励机制很有弹性（所有这些都发生在澳大利亚的维多利亚州，该州被称为"澳大利亚的马萨诸塞州"。澳大利亚也许是世界上最现代化、运作最良好的民主国家之一，而它是澳大利亚最稳定的州。如果连这里都出现了问题，就表明彻底根除警察队伍中的腐败现象有多么难）。

如果说当今的腐败现象令人不安，那么19世纪的情况更糟糕，当时维多利

## 如何让你的努力获得更好的回报：激励的惊人力量
Incentivology: The Forces That Explain Tremendous Success and Spectacular Failure

亚州的警方几乎完全不受监督。他们非常糟糕，甚至滑稽可笑。

让我们从头开始说起。1836年，也就是墨尔本建成后的第二年，不断增加的居民点急需警察。当地政府发出了请求，三名军官从悉尼的殖民地被派下来。他们在新南威尔士州因为醉酒被解雇了，新工作也没能让他们改掉这种习惯。这样的开局很糟糕。下一批新兵中有两个人有前科，他们也只当了很短时间的兵。糟糕还在继续，1838年，墨尔本市警察局局长因受贿被免职。

1851年，维多利亚从新南威尔士州独立出来成为殖民地。1852年，它有了自己的官方警察部队。同年，警察特别委员会了解到，有几名警察在侦办案件的过程中突然变得很富有，这种现象很可疑。1854年，维多利亚州警方需要建造一座专门的监狱来关押违法的警察。

简单地说，维多利亚州的警察胡作非为。警察的高压手段在很大程度上要对1854年尤里卡栅栏事件（Eureka Stockade）负责。在那场革命中，淘金者、士兵和警察殊死搏斗（一场革命运动可以因激励机制的不公正实施而发生，我们将在稍后详细介绍）。

即便在当时，执法部门也不必这样做。正如我们所知，一个好的规则、惩罚和回报体系可以帮助改变任何行为，但没有这样的体系来控制维多利亚警察的行为。在殖民地的所有公务员中，警察的工资最低，他们未受训练，对他们的监管也不够，因此警察的工作被人们认为是最没有价值的。此外，维多利亚州警察的行为问题也是从高层开始的。

在凯利一生的大部分时间里，警察局长是一位名叫弗雷德里克·斯坦迪什（Frederick Standish）的绅士。他从1858年到1880年"领导"了这支队伍。官方消息是这样描述斯坦迪什的：

> 他闲散奢华的生活方式损害了警队的公众形象和内部士气，此外，他首席专员的工作因徇私舞弊、决策不当和腐败而受到了影响。

第 12 章　不公正、躲避和反抗

一项针对维多利亚警方追捕凯利行动失败的大型独立公开调查也提出了同样的观点。斯坦迪什是一位糟糕的领导，维多利亚警察局正在他的领导下日渐衰败。这一发现是在澳大利亚最严肃、最有力的公共调查的结果。几年后，一项对警方的调查描述了可能更糟的状况，即维多利亚警察局侦探队是对社区的长期威胁。

我们谈论的不是一支像你今天所看到的那样专业化且薪酬丰厚的队伍（它仍然非常有可能继续发生系统性的腐败，但仍然受到更广泛的社会尊重）。在 19 世纪的执法的腐败和衰败中，一个守法社会的乌托邦式愿景受到了如此大的破坏，以至于那些相信正义的公民被迫支持警察的反对者，几乎到处都有凯利的支持者和拥护者。

## 凯利的一家

凯利的父母都来自英国统治的爱尔兰。爱尔兰极其贫穷，英国的暴政成为造成 100 万人死亡的大饥荒的主要原因。

他的父亲约翰·凯利（John Kelly）是一个名声不好的罪犯，他的母亲艾伦·奎因（Ellen Quinn）来自被援助的移民家庭，是一个对学校不满的孩子。艾伦怀孕后，他们才结了婚。

从 1851 年起，在动荡的 15 年里，他们有了八个孩子，其中有七个幸存下来。内德出生于 1855 年。在那个时期，约翰·凯利在金矿区发家致富，并有能力购买了自己的农田。

然而，无论是农田还是孩子，都无法让约翰·凯利变得更好。他偷窃、酗酒、进监狱，最终在 46 岁时死于水肿。参加父亲的葬礼时，凯利才 11 岁。七个孩子，一个没想象中那么肥沃的农场，再加上警察一直对他们家保持高度警惕，

## 如何让你的努力获得更好的回报：激励的惊人力量
Incentivology: The Forces That Explain Tremendous Success and Spectacular Failure

艾伦·凯利带着她的七个孩子离开了。他们和其他流亡者一起前往澳大利亚那些欧洲人很少涉足的地区。

远离城镇并不能阻止一些不可避免的事情的发生，凯利第一次被关进监狱时年仅 15 岁，他认为六个月的刑期非常不公平。他的罪行主要是打架、酗酒、偷牛和偷马等，直到 1878 年。那一年，一名警察的出现使凯利的生活发生了重大转折。一名叫菲茨帕特里克（Fitzpatrick）的警员给凯利家打电话说要逮捕内德的弟弟丹，当时这名警察正在酒吧喝酒。随后一阵骚动，菲茨帕特里克声称凯利射中了他的手腕，然后用刀取出了子弹。另一种说法是内德并不在场，菲茨帕特里克是在一场混战中手腕受伤的。

内德的母亲和另外两名男子被指控协助和教唆谋杀菲茨帕特里克警员未遂。他们在比奇沃思接受了大法官雷德蒙德·巴里（Redmond Barry）的审判，尽管菲茨帕特里克的证据存在不确定性，但是巴里还是判了他们有罪。在母亲被拘留的情况下，内德和他的弟弟丹躲进了灌木丛，但警察一直在追捕他们。

## Stringybark 谋杀案

1878 年 10 月 26 日，24 岁的凯利第一次杀害了一名男子。一个由四名警察组成的小组在 Stringybark Creek 建立了营地，寻找凯利一家。他们迷路了，只能通过向鸟类射击来吸引人们以找到他们的位置。警察们没等多久，凯利和他的兄弟以及朋友乔·伯恩（Joe Byrne）和史蒂夫·哈特（Steve Hart）就包围了他们的营地。

两名警察在现场的枪战中丧生，一名警察在受伤后被杀害。第四名警察托马斯·麦金泰尔（Thomas McIntyre）起初投降了，后来逃脱了。

这伙人现在被称为凯利帮，他们被认为是维多利亚殖民地法律和秩序的重大威胁。

## 第12章 不公正、躲避和反抗

在 Stringybark 谋杀案发生后的几周内,《重罪犯逮捕法案》(the Felons Apprehension Act)将非法犯罪的概念引入维多利亚州的法律(直到1901年,澳大利亚才成为一个独立的实体,当时各殖民地联合起来成为一个独立的国家。新西兰也一直想加入,但最终明智地保持了安全距离。因此,当时没有澳大利亚法律,每个殖民地都有自己的法律)。

根据维多利亚时代的新法律,要逮捕重罪犯,你可以从一开始就使用武力,正如议员约翰·马登(John Madden)博士总结的:

> 如果任何人胆敢射杀这些已被依法剥夺了生命的人中的一人,而事先不要求他投降,那么这个人就有可能因谋杀罪而受到审判,而且很可能会被判过失杀人罪……
>
> 但根据这项法案,他可以跟踪他们;他可以偷袭他们。根据目前的法律,如果他这样做,那么他可能会因谋杀罪而受到审判。

马登博士试图通过这些言论来支持这项立法。

《重罪犯逮捕法案》是一项对激励机制如何运作缺乏了解的立法。不法之徒是指无视法律而不再受到法律保护的人。凯利一家有一个众所周知的地址,他们经常出没于维多利亚东北部的城镇。为了应对新的激励机制,他们躲进了丛林。

护林员利用澳大利亚茂密丛林的保护来帮助他们犯罪,但有这样的法律约束他们,他们会变本加厉。公民有机会杀死这些不法之徒的想法已经不再成立。凯利帮很少被人们看到,他们一进城就迅速且秘密地行动。

1878年12月,凯利帮来到欧洲城抢劫银行,这是一次秘密行动。他们小心翼翼地行动,让所有看到他们的人都大吃一惊。他们把所有围观的人都扣为人质,所以没有人能拉响警报。这伙人带着数千磅黄金和现金溜回了丛林。

1879年2月8日,他们在杰里尔德里的狂欢有点鲁莽,甚至在酒吧里喝酒,但杰里尔德里在新南威尔士州,他们可能不会被认出来。这伙人抢劫了杰里尔德

# 如何让你的努力获得更好的回报：激励的惊人力量
Incentivology: The Forces That Explain Tremendous Success and Spectacular Failure

里银行大约 2000 英镑，烧毁了银行里的抵押文件，并带走了警察所有的马匹，这样他们就无法被追捕了。正是在杰里尔德里，凯利把他的自传/宣言，也就是前文提到的杰里尔德里之信交给了一名银行员工。

当凯利帮躲藏在丛林中时，当局试图找到抓捕他们的方法。各大报纸的编辑收到了大量来信，这些写信的人都想为政府提供免费建议。

1879 年 2 月 14 日，《阿格斯报》(The Argus) 刊登了一封信，信中写道，抓捕凯利一家应被视为金钱问题。信中建议悬赏 8000 英镑，对任何共犯或告密者给予赦免，并让他们离开殖民地。

警方确实提高了赏金，我承认赏金对社会是有影响的。很多人都想要，但是很少有人有机会接近凯利。此外，在对卢卡斯批判（其观点是，对一个系统的干预会以你从未预料到的方式改变它）的一次特别野蛮的演示中，凯利帮建立了自己的激励机制。他们设计这种激励机制是为了直接抵销赏金，而且它的实施不需要数千英镑，而是依靠恐惧。只要杀死一个知情者，他们就能让更多人闭嘴。

## 警惕腐败，让激励机制为我们服务

警方努力寻找能帮他们找到凯利帮的线人。警方的记录中保存了很多陌生人的来信，他们写信来提供服务。他们提到的大多数都是非常渺茫的机会，因此被忽略了。

但警察中有一个人可能会帮上忙，他就是艾伦·谢利特 (Aaron Sherritt)。谢利特和凯利帮成员乔·伯恩一起上过学、蹲过监狱，是凯利兄弟公司的一名合伙人，据说他们甚至一起偷了一些马。但在 1879 年，一名证人在法庭上作证称，有人看见谢利特在围场里骑着警察的马，言下之意是他当时在与警方合作。

凯利团伙不知从何时开始怀疑谢利特，在 1880 年 6 月 26 日晚上，他们采取

## 第 12 章 不公正、躲避和反抗

了行动。乔·伯恩和丹·凯利抓住了谢利特的一位邻居，一位名叫安托万·韦克斯（Antoine Weekes）的菜农，并把他带到谢利特的前门，引诱谢利特出来。韦克斯后来在一次司法调查中作证说，他敲了谢利特的门，声称自己迷路了。

但是谢利特并没有怀疑，来到门口和韦克斯说话。当谢利特出现时，伯恩向他开枪。然后，根据人质的说法，伯恩走近小屋，朝里面看了看，说："这就是我想要的人。"

谢利特被杀后，丹·凯利和乔·伯恩在小屋外待了一段时间，显然是想把小屋烧掉。那天晚上，谢利特的小屋里藏了四名警察。没有记录他们是去获取情报的还是去保护谢丽特的。他们在卧室躲了一夜，直到黎明时分才出现。那时，两名歹徒已经离开好几个小时了。

后来，在法庭诉讼中，陪审团嘲笑了最后一段证词。凯利他们离开后，四名警察躲在床下的画面与公众已经相信的说法完全吻合：警察没有效率、没有胆量，害怕强大的凯利帮。

凯利帮的名声迅速提高，因为一个告密者在警察的严密保护下被杀害了。这样的行为可能会让这伙人在一段时间内免受告密者的伤害。但事实证明，他们没有多少时间了，几天之内，他们就有了最后一次机会。

格伦罗万围攻的故事经常被人们讲述。内德·凯利穿上了他的标志性钢铁盔甲（由旧犁制成），并能够在一次又一次战斗中幸存下来。历史学家已经写了很多文章，所以我们就不一一细说了。这个故事中与我们的主题最相关的部分是托马斯·库诺（Thomas Curnow）的行为。

库诺是一名教师，是凯利帮关押在格伦罗万酒店的 60 多名人质之一。这伙人把镇上的大部分地方都锁起来了，他们在等一列火车绕过拐角，驶上他们破坏的一段铁轨。这列火车是他们精心挑选的。这是一列专车，运送的是前往比奇沃思的警察，他们是去处理谢利特的谋杀案。他们本打算让火车在陡峭的堤坝上脱轨，然后从上面滚下来。

## 如何让你的努力获得更好的回报：激励的惊人力量
Incentivology: The Forces That Explain Tremendous Success and Spectacular Failure

库诺说自己是凯利帮的支持者，并承诺不会告诉任何人发生了什么事情，成功地诱使内德·凯利释放了他。但库诺没有信守诺言，而是走到铁路线上，在火车脱轨之前挥手让它停了下来。

有人给出了这样的评价："多亏了库诺的机智、冷静和勇敢，才得以将这列特殊列车及其乘客从毁灭中拯救出来。"

凯利帮犯了一个战略性错误，他们把所有的赌注都压在出轨的火车上了。现在，他们开始处于不利的位置。

没过多久，格伦罗万酒店就被包围了，那里仍挤满了人质和帮派成员。

警察向这个酒店猛烈射击，一些人质失去了生命。现场最高级别的警官黑尔警司联系了墨尔本，请求加农炮支援。维多利亚警察司令部找到了一门，并把它装在了向北行驶的第一列火车上。

等了几个小时的大炮，警察显然变得很无聊，因为在它到达之前，警察改变了战术，放火烧了酒店。到那时，大多数人质都已经被杀害或释放，但并不是全部。

当地的一位牧师对他所目睹的一切感到震惊，他跑进了着火的酒店。他带出了一名人质（不久之后就死了）和乔·伯恩的尸体。这位牧师说，他看到了丹·凯利和史蒂夫·哈特的尸体，他们要么死于自杀合约，要么死于警察的子弹，他们的尸体被大火烧毁了。

只有内德·凯利在围攻中幸存下来，他离开了酒店，躲开了警察。《纽约时报》这样描述当时的情况：

> 首领内德·凯利在战斗中离开了酒店，但第二天早上又回来了。快8点时，他高大的身影出现在警察队伍的后面。他的头部、胸部、背部和身体两侧都用四分之一英寸厚的铁板保护着。当他距离正在监视他的凯利警官很近的时候，他开枪了。警察这时才知道他是谁，并开始向他开枪。这

场比赛难以描述。九名警察参与了冲突，并向凯利近距离开枪，尽管因为他跟跟跄跄，很多子弹都击中了他，但他只使用一把左轮手枪冷静地还击，还不忘嘲笑对方。

凯利厚重的盔甲阻挡了来袭的火力，直到警察意识到盔甲没有保护大腿以下的部分。在腿部中了几枪后，他才被迫投降。他在墨尔本被捕入狱。最终，他无法逃脱法律的制裁。他受到审判，被判有罪并被处以绞刑。

试想，如果库诺没有阻止火车脱轨，人们对权力的认知可能会发生变化，对凯利的赏金可能会更多，官方的追捕肯定会更严密，政府的权力可能会更大，警察可能也会得到额外的资源，这无疑会进一步激起人们对警察的反对。维多利亚的整个历史可能会向一个更专制的方向发展。

在格伦罗万围攻之后，巨额赏金终于被发放了。它全部都属于托马斯·库诺吗？并不是。

最多的赏金给了一名警察。800英镑给了警长弗朗西斯·黑尔（Francis Hare），他在之前的一段时间里一直负责追捕凯利一家人，虽然没有成功。

那天在格伦罗万的其他警察也都得到了奖励，36名警员获得了42英镑~275英镑不等的奖金，因为80%归警方所有。唯一例外的是从昆士兰州赶来追捕的警察。在官方发布的奖金分配计划中，他们每人获得了50英镑，但这笔款项从未支付过，因为土著人被视为社会的非正式成员（他们的奖金交由昆士兰州和维多利亚州政府"酌情处理"）。

总共有60多人获得了官方的奖励，包括高级警官、警官、警长、一名侦探和几名乘坐火车的铁路人员。托马斯·库诺获得了不到7%的奖金，约550英镑。我只希望知道凯利听说后会写些什么。

维多利亚时代的人对这些奖金大部分都给了警察并不感到震惊，他们也没有因为昆士兰州的警察没有拿到奖金而感到不安，但给英勇的库诺微薄的报酬足以

## 如何让你的努力获得更好的回报：激励的惊人力量
Incentivology: The Forces That Explain Tremendous Success and Spectacular Failure

激起异议。据《布里斯班电讯报》(*the Brisbane Telegraph*)报道：

> 有人抱怨托马斯·库诺先生没有拿到足够的钱。进一步的调查使人们普遍认为应该更宽容地对待他。人们认识到，当平民普遍以一种谨慎（如果不是懦弱）的态度站在一旁时，库诺先生冒着生命危险帮助警察是避免发生可怕灾难的唯一手段。如果没有他，一切就会像凯利帮所预料的那样，专列可能会出轨。

奖励起作用了吗？库诺后来说，他采取行动不是因为激励，而是出于责任感。当然，一个人很难承认自己的贪婪，更不用说向世界宣布了。也许这个巨大的奖励确实使库诺有了更多的勇气。我们永远无法完全确定那些通缉告示是否对捉拿凯利起了什么作用。

我们所知道的是，在过去的140年中，在制定激励机制以促进警察的良好行为方面有了重大创新。腐败现象已大幅减少，警察的职业素养大幅提升。那么哪些机制比较有效呢？

答案是更高的薪酬和更多的培训。低薪和训练不足的警察更有可能对他们遇到的每一个诱人的激励做出回应，无论是接受贿赂让犯罪活动继续进行，还是滥用职权打击好公民。那些打算以警察为终身职业，并期望获得良好生活的警察将不会轻易违反规则。

然而，这还不够。重要的是，如果警察真的违反了规则，他们的职业生涯就将面临危险。因此，第二个重大变化是增加了对不良行为的惩罚。有不当行为的警察会面对纪律处分和降级，但问题是他们很容易否认自己的不当行为并违反规则。现在，警察审讯通常会被录像，警察局也装有摄像头，这些措施不仅大幅降低了一些警察违反规则的可能性，而且有助于挑战包庇同事的文化。如果你对另一名警察的所作所为撒谎，而视频显示他殴打了嫌疑人，那么你们两个都会受到惩罚。技术改变了激励机制。

警用执法记录仪已被美国的一些司法管辖区采用。有智能手机的路人也可以提供警察行为不端的证据。所有这些监控系统都使对后果的管理更加简单，因为它们更容易证明不当行为。

警察激励机制改革的最后一部分是建立拥有强大权力来控制腐败的外部独立组织。最早也是最常被效仿的是中国香港的廉政公署。在短短几十年中，它使中国香港警方成为良好实践的灯塔。

世界各地都建立了类似的机构。这些机构是监督其他无法触及的机构的有力工具。当然，即使是一个独立的委员会也必须受到监督。为了根除腐败，我们必须在各个层面都有监督监督者的人。最重要的是，一个运作良好的民主政体可以通过理想主义改革者定期革新。

如果我们希望激励机制为我们服务，而不是对我们不利，我们就必须时刻警惕腐败，并使其与最初的理想保持一致。

> **小故事**
>
> ### 饥饿游戏
>
> 信不信由你，《饥饿游戏》（the Hunger Games）是近年来关于激励机制最好的作品之一。
>
> 《饥饿游戏》是苏珊·柯林斯（Susan Collins）创作的青少年科幻小说三部曲中的第一部。它讲述了一个来自虚构世界贫困地区的年轻人被迫面对激励机制的故事，她要与其他24个孩子进行一场殊死搏斗。这些名义上的饥饿游戏是在一个规模不断缩小的人造竞技场中进行的，这意味着参赛者除了面对竞争对手之外别无选择，而这一切都是为了娱乐富裕地区的市民。
>
> 我们的英雄凯特尼斯·伊夫狄恩（Katniss Everdeen）是一个莱戈拉斯（Legolas）/罗宾汉（Robin Hood）类型的人——非常擅长使用弓箭。凯特尼

## 如何让你的努力获得更好的回报：激励的惊人力量
Incentivology: The Forces That Explain Tremendous Success and Spectacular Failure

斯凭借惊人的技能和善良的本性战胜了其他孩子：她只杀死了几位参赛者，还救了一位参赛者的命。所以，我们并不恨她。

《饥饿游戏》可以被解读为对殖民主义的批判，或者如果你足够疯狂，也可以将其解读为对当代市场经济关系的批判，在这种关系中，一群较贫穷的人（发展中国家）来生产东西，让另一群较富裕的人（第一世界）能够享受到更多的消费。

《饥饿游戏》很有趣，但它的回报结构毫无意义。它的一个关键观点是，一些年轻人选择参加饥饿游戏，因此他们很可能会死，准确地说，24个人中会有23个人死亡。这些自我提名的竞争者被称为"贡品"。在第一卷中，竞技场中有六个"贡品"。即使这六个人中有一个最终胜出，而不是其他18个，这些"贡品"也仍然面临82%的死亡可能性。这一定令人担忧。

在故事中，那些选择参加游戏的孩子们受到了奖励的激励：终身免费的食物和住房。这是有道理的，因为大多数竞争者都来自贫困地区。但后来我们被告知，这些"贡品"来自"更富裕的地区……在这一刻，他们一生都有吃有住"。很难相信一个来自富裕地区的人会以这种方式牺牲自己的生命，更难相信他们的社区会支持和认可他们的选择，将资源投入一个没有社区回报的项目。

我们可以得出这样的结论：这些孩子（及其社区）要么对他们的生命极其不重视，要么对终身免费的食物和住房异常重视（另一种假设是，"贡品"是每个人都想摆脱的坏孩子的影子。考虑到我们对书中人物的了解，这实际上是最合理的）。

如果是来自最贫困地区的孩子们刻苦训练，故意参加游戏，那么饥饿游戏将更加真实。在现实生活中，令人悲哀的事实是具有最少选择的人往往会面对危险的工作和绝望。

## 第 12 章 不公正、躲避和反抗

现在,我想谈谈第二部,因为我们在第二部中学到了激励机制中最重要的一课:你不必总是接受它们本来的样子。

《饥饿游戏》展示了一种我们都很熟悉的激励机制——一种我们无力抵抗的外部力量强加给我们的激励机制。孩子们发现自己一直处于这种情况下,所以这本书对他们而言是非常重要的。但即使是成年人,我们也要受到政府、市场体系和公司规则的约束,我们很难甚至完全不可能跳出这些规则。无论你是被老师管教还是被资本主义压迫,《饥饿游戏》第二部都适合你。

在第二部中,凯特尼斯被送回竞技场进行另一轮战斗。获奖者是不应该被送回继续参与饥饿游戏的,因此这一举动表明,规则是灵活的,它们是人类构建的,不会永恒不变。这为接下来发生的事埋下了伏笔。

凯特尼斯和其他几位参赛者联合起来,利用电线、电力和凯特尼斯箭术设法摧毁了竞技场。饥饿游戏结束了,孩子们逃走了。

权力控制着激励机制。凯特尼斯和她的朋友们摧毁了注定要结束他们生命的竞技场,他们赢得了权力。这些年轻人并没有接受既定的激励机制,而是破坏了它。他们拒绝接受一套规则、回报和惩罚,而是用另一套规则、回报和惩罚取代了它。苏珊·柯林斯刚刚让数百万易受影响的年轻人尝到了革命的滋味。

## "你说你想要一个……"

革命是激励机制终结的一种方式。一套规则或一套规则体系已经让足够多的人失望到要推翻它们。它们在进化上变得"不适合",它们不再适合存在。

革命也是"适合"系统进化的强大机制。在任何一场革命中，被推翻的制度都必须被吸引新掌权者的制度所取代。革命可以向广大人民群众灌输适合他们的激励机制，就像 1989 年前捷克斯洛伐克的民主革命，或者科索沃和南苏丹的独立运动。

当然，事情并不总是那么简单。军事革命可能导致权力集中，甚至人民革命有时也可能导致只适合某些人的激励机制，比如私有财产的国有化、神权政治的建立或者价格激励机制的废除。20 世纪的历史正是由这些革命（如古巴、伊朗等革命）塑造的。

21 世纪开始时，革命与经济无关，更多的是与自由有关。并不是所有的革命都成功了。革命的过程并不像儿童读物中描述的那样微不足道，尤其是推翻一个民族国家。最糟糕的国家往往是由具有侵入性的、严厉的执法系统支撑起来的。反抗的欲望使社会动荡，而动荡反过来加剧了法律适用的严肃性。

这些激励机制只依靠它们自己创造的权力来维持。在这一点上，激励机制是否适合将不再取决于它对民众的吸引力，而是取决于它能否让当权者继续掌权。当这些激励机制已经腐朽到无法修复的地步时，革命的时机已经成熟。

摘到那种成熟的水果可能很难，一套非常不友好的激励机制可以保持足够的"合适"，并在很长一段时间内存在。1984 年，乔治·奥威尔（George Orwell）写道，一只靴子"永远地"踩在人的脸上。但到目前为止，还没有一个国家能永远保持不变。希望总是有的。

## 一个全新的开始

革命似乎是历史的主题。我们的民主制度风雨兼程，但仍在缓慢前行。

21 世纪为我们提供重新开始的机会少得多。几个世纪后，革命的另一种选择是登上一艘船，悄悄离开，去建立一个新的国家。朝圣者做到了，在新的激励机制中进行了一项令人振奋的实验，最终成为众所周知的美利坚合众国。

这种把戏不能重复使用了。由于当地土著人民的权利得到了承认，世界地图绘制完成，威斯特伐利亚主权完全占据了主导地位，建立新国家是非常困难的。当然，也有一些"海上家园"边缘运动，这些运动希望建立一个浮动平台或者"海上家园"，作为自己的自由社会运作，但这些运动实际上都没有成功。

21世纪，与登上一艘船去建立一个新国家相比，更现实的选择是登上一艘船并加入一个现有的国家。移民政策是一种良好的激励机制，它既证明了其进化适应性，又证明了其对人类友好。它们获得了追随者，从而扩大了它们的影响范围。难民之旅并不容易，可能会面临死亡的危险，但在一个充满压迫性激励机制的世界里，这是一种逃离的方式。当我们接收难民时，我们希望让更多的人享受到良好制度的优势。

《饥饿游戏》的第二部以凯特尼斯登上一架飞机，逃离折磨她的政权为结尾，这再合适不过了（尽管她在第三部中回来了）。

# 第13章

# 气候变化

2018年,我参观了大堡礁,那是我一生中最美好的时光之一。

我承认我对某些东西有所偏爱。我喜欢澳大利亚,喜欢海洋,所以花一天时间探索澳大利亚标志性的海洋景观是我最喜欢做的事。我们乘坐一艘又大又慢的轮船前往那里,船上的咖啡无限供应。天气晴朗,风平浪静,令人愉悦。

我很想早点去参观珊瑚礁,因为珊瑚白化事件越来越普遍了。如果全球平均气温持续上升,那么珊瑚礁将会消失,科学家们越来越相信这种情况会发生。你可能听说过全球变暖。人类活动正在向大气中释放粒子,这些粒子在地球上捕获能量,导致全球平均气温上升。这些粒子主要是通过燃烧反应(燃烧由富含碳的有机分子组成的东西,比如煤和石油)释放出来的。遗憾的是,这是我们当代经济的基础。

温度的变化对很多物种都不利,但珊瑚受到的影响尤其大,因为它们无法移动到新的地区。虽然随着世界海洋变暖,大堡礁可能会慢慢向南延伸,但这不足以弥补北部大量珊瑚的死亡。

为了参观珊瑚礁,我去了麦克拉斯沙岛(Michaelmas Cay)。它是一小块沙地,位于大珊瑚群的边缘,为大约1000余只海鸟提供了栖息地。

我们下了船,来到海滩上,穿上脚蹼,戴上呼吸管,涉水进入昆士兰北部热带地区美丽的淡蓝色水域。我们看到了黄貂鱼和鹦鹉鱼,花了一点时间追踪那些难以捉摸的小家伙尼莫（也就是小丑鱼）。我很高兴能看到海龟。这听起来可能很简单，但我发现观察动物非常令人愉快（我想可能不止我一个人这样想。如果说互联网上越来越多关于猫的视频教会了我什么，那就是我们对可爱和令人惊讶的动物的好奇多年来一直没有得到满足）。

珊瑚礁上有很多有趣的生物。在那个纬度上，在一年中的那个时候，珊瑚礁是明亮且充满生机的。我们几乎没有看到任何白化，但我们的后代不一定能说出同样的话。

## 污染和气候变化

污染的概念由来已久。世界上有记载的最早的例子之一是伦敦的空气质量。1307年，皇家颁布了第一部禁止在城市中燃烧某些类型的煤炭的法律。随着世界人口的增加和全球经济的增长，垃圾也在增加。我们在很多地方都能看到这些垃圾。每当我家附近的河流决堤，在潮水退去后，我们就会看到河岸上堆满了塑料瓶和塑料袋。

我们很容易看到煤炭燃烧产生的滚滚黑烟或漂着各种塑料瓶的河流，但污染也潜伏在有些不太明显的地方。我们最难寻找污染证据的地方是大气。遗憾的是，科学家现在认为大气是人类活动最重要的副作用之一。漂浮在大气中的温室气体影响虽小却很强烈。

当太阳的能量传输到地球时，它的波长使它无法被温室气体吸收。但当它从地球表面反弹后，波长发生了变化，这些波长的能量就会被大气中的某些分子吸收。这就是我们的星球会有一个舒适的温度的原因。但就像所有事情一样，能量吸收最好是适度的。大气中的分子越多，吸收的就越多。在过去，能量很容易从地球表面反弹回来，回到我们称为外层空间的大型散热池中。如今，更多的二氧化碳被困在我们的大气层中。

# 如何让你的努力获得更好的回报：激励的惊人力量
Incentivology: The Forces That Explain Tremendous Success and Spectacular Failure

现在，让我从科学的角度谈谈。当燃烧由碳（C）和氢（H）组成的燃料时，它与氧气混合，就变成了水和二氧化碳。

$$CH + O_2 \rightarrow H_2O + CO_2$$

遗憾的是，我们最喜欢的燃料，如汽油、天然气、煤油、丁烷、煤，都是由氢和碳组成的。当我们挖出并燃烧它们时，会向大气中释放额外的二氧化碳。在撰写本文时，大气中的二氧化碳浓度为410%，比爱德华国王第一次对燃烧煤炭的影响感到愤怒时高出45%，比1980年时高出20%，而且还在迅速升高。大气中二氧化碳浓度的这一飞跃的时机与世界各地现代中产阶级生活方式的采用以及随之而来的所有能源消耗相匹配。

虽然我们最担心的是二氧化碳，但也有甲烷、臭氧和其他不断积累的温室气体，这些气体是由不断增加的人类活动（如养殖动物）排放的。这些温室气体在被分解之前会持续存在很长时间。

气体吸收热量的过程被称为"温室效应"。我小时候经常听到这个术语，但现在似乎已经很少被提起。实际上，温室的作用与温室效应不同，温室效应只是通过捕获温暖的空气来实现的。但是这种错误命名的效应正是平均温度自19世纪80年代以来一直在上升的原因。

到目前为止，大多数人都认为气候变化是真实的，所以我不再重复这些事实了，我只知道2018年的气温比1951年至1980年间的气温高出1.5摄氏度（35华氏度）左右。然而，我们不再说全球变暖是有原因的。气温的变化在世界各地的分布并不均匀，在一些地方，天气似乎很正常，而在其他地区则发生了巨大的变化。因此，我们现在经常说的是气候变化。

北极圈是变化最明显的地区之一，那里几乎没有人居住。在纬度60度以上，温度异常的现象是全球平均水平的两倍。你可能已经看过这样的视频：骨瘦如柴的北极熊在浮冰上挣扎，浮冰看起来像漂浮的门垫一样厚实。这些关于动物的网络视频令人震惊。

当然，也有好的一面。北极气候温和对航运业来说是个好消息，冰块的减少意味着从美洲到亚洲的通道增多了。如果你能绕过地球的顶端，就没必要走巴拿马运河了。想想省下的过路费吧！

但实际上，这是个可怕的消息。冰的减少意味着地球表面更暗，更多的热能被吸收而不是被反射，这加剧了变暖效应。

北极海冰的融化不会导致海平面急剧上升。北极海冰相对较薄，而且大部分已经在海里了，它们每年都会部分融化并重新结冰，而不会使海平面大幅上升，所以即使冰的范围不断缩小，我们也不必担心全部融化会让我们都被淹死。

但附近的格陵兰岛上有大量的永久冰，它们的融化速度比以前快。这是一个更大的风险。如果格陵兰岛的冰盖融化到海洋中，那么海潮将变得更高，高到足以使滨海房产成为一种负债，而不是一种资产。我说的可不仅仅是几栋海滨别墅。

在全球范围内，很多缺少资源来应对气候变化的人大都生活在水边。海洋是无数渔村的食物来源。所有太平洋沿岸国家都刚刚在海平面以上，数百万人生活在低洼的河流三角洲，尤其是在孟加拉国。据估计，到 2100 年，仅孟加拉国就将有 5000 万人口流离失所。

煤炭和石油行业的副作用正在对地球上的生命造成危害，物种可能灭绝。智人没有任何真正的生存风险，因为我们以适应能力强而闻名，并且分布非常广泛，但是其他物种已经在逐渐消失了。

珊瑚裸尾鼠是第一个因气候变化而灭绝的哺乳动物。它是澳大利亚一种土生土长的啮齿类动物，只生活在大堡礁最北端的一个小珊瑚岛上。2014 年，科学家们曾到荆棘岩礁（Bramble Cay）进行了一次全面的考察，既没有发现一只珊瑚裸尾鼠，也没有发现它的任何踪迹和粪便。不仅它消失了，珊瑚礁上的植被也从几公顷下降到了不到一公顷。科学家们将这种情况归咎于海平面上升，他们认为，几乎可以肯定的是，导致这一种群灭绝的关键因素是海洋淹没了地势较低的

# 如何让你的努力获得更好的回报：激励的惊人力量
Incentivology: The Forces That Explain Tremendous Success and Spectacular Failure

珊瑚礁，而且很可能这种情况在过去10年多次发生，造成了珊瑚裸尾鼠栖息地面积的急剧减少，也可能导致个体直接死亡。

坦率地说，失去一种脆弱的啮齿类动物不太可能引起人们的关注和哀叹，也不会使全球生态系统陷入急剧的螺旋式崩溃的边缘，但珊瑚裸尾鼠在这个故事中扮演的角色是一切正处于危险中的信号。

现在，地球上的一些地区很有可能会因为气候变化而变得更加富饶。例如，一些温带地区可能会变成雨林，有些物种可能会茁壮成长；一些城市的气候可能会有所改善，尤其是伦敦，如果气温升高5℃，那么它会变得非常受人们欢迎。

但如果我们继续让这些情况恶化，我们玩的将是一个可怕的机会游戏，我们可能会让整个国家陷入干旱，而世界上新的宜居地区可能很遥远。澳大利亚的一些地区在一年中的某些时候已经很不适合居住了。现在经常出现的热浪甚至还不是气候变化最明显的影响，这要归因于极端天气事件的增多。一些科学家认为，大气中的额外能量会提高消耗这种能量的事件的发生频率，甚至在地球变成桑拿房之前，无休止的风暴、飓风或旋风可能让世界越来越糟糕。

2012年，纽约遭受了飓风桑迪的袭击，最近几个冬天，那里的雪似乎也比正常情况下更大。150多年前的记录显示，纽约历史上最大的10场暴风雪中有6场出现在过去20年中。2016年1月，人们在中央公园测得的最大降雪量为70厘米。美国大西洋沿岸的那片狭长的土地有很大的影响力，它拥有世界上很大一部分财富，以及一些备受推崇的出版和教育机构，当然，它也是世界上最强大国家之一的政治权力中心。如果美国东北部的居民经常亲身体验气候变化的影响，这可能会成为他们采取行动的主要推动力。

## 气候科学的不稳定性

我们之前提到过北极圈，但与南极洲相比，北极只是沧海一粟。

如前所述，海平面上升的最大风险不是海冰，而是陆地冰。陆地冰不会定期融化并重新形成，这意味着如果它们真的融化了，最终我们就必须戴上潜水器生活。南极洲有很多陆地冰。

人们不了解南极洲有多大，这情有可原，因为地图上几乎没有显示相关信息。事实上，地图制作者有很多事情要去做。我唯一一次看到这个问题被讨论是在美剧《白宫风云》(The West Wing)的第一季中。在 1999 年播出的第一季中，有一集专门讲述了来到白宫的古怪游说者，这群游说者作为"社会平等的代言人"，要求积极立法反对墨卡托投影（Mercator Projection）——一种在二维地图上描绘我们的球形地球的方法。

墨卡托投影在导航方面具有优势，但同时也会扭曲地图中的某些部分，使两极附近的区域看起来比实际大得多。芬兰和瑞典在墨卡托投影方面的技术很好，而印度尼西亚和尼日利亚则排在后面。

但扩大的"特权"并没有延伸到南极洲。下次你看到印刷地图时，你可以仔细看看纬度线。最有可能的是，赤道更靠近地图的底部，而不是顶部。地图制作者似乎忘记了还有半个世界要画。更重要的是，它们通常会将南半球的最后几个纬度缩小。南极洲几乎被忽略了，但事实上它很大。它是澳大利亚的两倍，比美国大得多，几乎和南美洲一样大，而且它还被几千米厚的冰覆盖着。

南极洲曾被认为是沙漠，因为那里几乎没有降水，飘落下来的雪变成了冰。然后，它们几乎无处可去。冰川流动非常缓慢，在南极洲中部以冰的形式落下的雪需要 10 万年才能流入大海。缓慢的堆积意味着一些地方的冰可达 4 千米深。世界上大部分的淡水都被封存在南极陆地上的冰晶中。

如果南极洲和世界其他地区的冰全部融化，海平面预计将上升约 70 米，这

## 如何让你的努力获得更好的回报：激励的惊人力量
Incentivology: The Forces That Explain Tremendous Success and Spectacular Failure

将摧毁整个佛罗里达州和大部分的北欧地区，并使巴西的亚马孙盆地变成一片巨大的海洋。

幸运的是，灾难性的完全融化是一个极端事件，在可预见的未来几乎不可能发生。然而，从中期来看，南极洲西部边缘附近的某些冰架崩塌的可能性更大，海平面可能会上升几米。

虽然最近的科学研究表明，南极洲每年正在流失超过 2000 亿吨的陆地冰，但原因是非常复杂的。该大陆较小的西部地区（朝向美洲南部）每年损失超过 1500 亿吨冰。面朝巴塔哥尼亚的那部分南极半岛每年损失约 300 亿吨冰。这是个坏消息。不过好消息是，南极洲东部（朝向澳大利亚南部）的大部分地区可能不会损失那么多冰，最近几年，那里甚至可能多了很多冰。上述研究还预估，在 1992 年至 2017 年间，那里每年增加了 50 亿吨冰。一些气候模型表明，这源于一种补偿效应：随着世界变暖，空气中有了更多的水分，南极洲上空的降雪量可能会增加。但目前还不清楚这种情况是否会持续下去。事实上，另一项研究表明，南极洲东部每年实际上正在流失大约 500 亿吨冰。

这就是气候科学的本质，它有很多不确定性。

## 我们需要的激励机制

气候变化的不确定性加上问题的规模往往会使很多人产生惰性。出于侥幸和怀疑，我们有可能编造一个看似可信的故事为不作为辩解。但不作为是一个很大的风险，我们应该做些什么呢？

要回答这个问题，我们首先要回答以下问题：为什么全球变暖会成为一个问题？什么激励机制在起作用？我们为什么让碳进入大气？为什么我们要不断向大气中填充物质，将热量困在大气中，把北极熊变成皮包骨头？

## 第13章 气候变化

因为我们有这样做的偶然动机。产生碳的燃料价格低廉，这使得它们成为全球数十亿人的便捷选择。这些燃料反过来又为我们的发电站、汽车和现代生活提供了几乎所有方面的动力。

我并不是反对提供廉价能源，而是认为，就其主要影响而言，廉价是好的，而使能源如此廉价的独特性肯定会给所有人留下深刻印象。

煤炭和石油工业是无与伦比的，证明了价格激励在鼓励人类创造力方面的力量。例如，蒸汽机是为煤炭工业发明的，铁路也是如此。在英格兰北部开始挖掘大量煤炭并需要一种方法将其全部运往南方之前，铁轨上从未行驶过这么长的火车。石油开采也类似，它不仅给我们带来了大规模灾难性的石油泄漏，而且使管道技术实现了巨大进步。每当我们认为资源即将枯竭时，这些公司就会想出另一种方法来寻找和开采它们。这些进步既令人恐惧，又令人钦佩。

这些行业非常善于保持能源价格的可接受性。但是，当我们因诸多好处而使用这些廉价燃料时，我们也受到了碳排放的激励。从另一个角度来看，我们缺乏不这样做的激励机制，没有强有力的激励机制鼓励我们不排放碳。同样类型的激励缺失解释了为什么现在海洋里到处都是塑料，因为塑料很便宜，把它们丢弃在可能进入海洋的地方几乎没有直接成本。

所有这些严重的环境问题都不是因为人类具有强大破坏力或贪婪而产生的，我们每个人对这些问题的"贡献"微乎其微。如果给予我们每个人一点小小的激励，就足以遏制这个问题。对碳密集度高的产品加收几美分的附加费，对碳密集度低的产品的附加费给予一些折扣，就可能有很大的不同。但目前，至少在澳大利亚，没有任何这样的激励措施。

气候变化不是一个阴谋，我认为这是激励机制的意外后果。只要我们明白这一点，我们就可以做出改变。人们，包括那些想做正确事情的人，大多会受到激励的引导。我们想买到便宜且易于使用的东西，政府和企业需要做出最合适的碳友好型选择。

## 如何让你的努力获得更好的回报：激励的惊人力量
Incentivology: The Forces That Explain Tremendous Success and Spectacular Failure

应用程序市场正在蓬勃发展，这些应用程序会告诉你吃什么、穿什么和开什么车，以减少你的碳足迹。"成为气候英雄！"这是全球变暖气候变化公益项目Oroeco的应用程序的广告文案，该项目将你的碳足迹与其他人进行比较，并鼓励你购买碳信用。但目前，只有几千人安装了这个应用程序。大多数人都忙于生活，无法成为气候英雄。

让人们承担起监督自己的生活方式和碳排放强度的责任的做法既无效也不公平。就像健康饮食一样，那些有能力做出好选择的人最终会指责那些能力较弱的人。开特斯拉的人可能会觉得自己比开着一辆20年前的、有标准燃油率的车的人更有优越感。但并不是每个人都有能力花6万澳元买一辆电动汽车。同样，拥有自己的房子并在屋顶上安装太阳能电池板的人可能会鄙视隔壁使用廉价电力的租房者。

典型的特斯拉车主和太阳能电池板的拥有者所能做的清洁和绿色选择要比其他人多得多，他们可以进行一种特殊的炫耀性消费——绿色消费。当然，只有那些有财力的人能做出好选择（而不是所有富人都想这样做）的未来是没有意义的。此外，消费者能做的也只有这么多了。我们必须做得更好，而不是希望所有人都选择另一种奢侈消费主义。依靠谨慎的消费主义来解决气候变化问题，就像试图通过啃食最嫩的叶子来砍倒一棵树，而我们真正需要做的是砍倒树干，或者更好的做法是，从根本上改变激励机制。这样，我们就不必依赖任何人去做正确的事情。我们可以立即让人们，甚至包括那些否认气候变化的人减少碳排放。要做到这一点，最简单也是最好的方法是让价格激励重新在我们身上发挥作用——制定碳价格。

良好的碳价格将提高碳排放的价格，直到我们将排放量限制在不会导致气温上升的水平。这种激励应该以价格激励的两种方式发挥作用，即让我们购买低碳产品，以及促进供应商创新，直到其产品达到低碳水平。

制定碳价格有两种方式，既可以直接征收碳税，也可以通过设定碳排放限制和创建排放许可需求，让市场制定碳税，这个过程被称为限额与交易（Cap-and-Trade）。这两种方式对碳排放的总体影响应该是相似的，而不同之处在于它们的贡献——税收为价格提供了确定性，限额与交易为碳排放量提供了确定性。

限额与交易在理论上是英雄，它让最容易负担得起减排费用的缔约方完成减排工作。例如，假设你是一个制作甜甜圈的企业家，在一个政府刚刚制订了限额与交易计划的国家经营你的企业。想象一下政府给了你一些碳排放许可，允许你用它来炸美味的食物。你面临着一个选择：是继续保持现状，还是努力减少你的碳排放，并出售许可来赚钱？

如果你的甜甜圈公司可以很容易地改用太阳能，你就可以卖掉许可，改用太阳能。你不再需要许可，因为你使用的能源是清洁和绿色的。这些许可被另一家甜甜圈公司购买，由于某些原因，这家公司发现很难使用太阳能。这就是限额与交易的魔力。这会促进碳信用市场的建立。许可中的碳减排是在不大幅减少甜甜圈的产量的情况下实现的。从理论上讲，这是个好计划，但这也为偷偷摸摸的行为创造了很多机会。

限额与交易的第一个问题是发放许可。如果你宣布将向污染者发放许可（就像上述例子一样），你就有了一种可能会带来麻烦的激励机制。所有的甜甜圈公司都有动机在你测量污染产量的时候增加污染。公司将尽其所能获得更多许可，即使这意味着制造更多的污染。这是一个典型的不当激励。

拍卖许可是一个更好的主意。那些知道自己可以降低碳排放成本的公司会这样做，而不是在拍卖会上出价过高。但对于需要购买大量许可的行业而言，拍卖是昂贵的。当行业陷入困境的时候，政府能否抵制补贴许可？如果电力部门暗示可能会有更多的停电，政府可能就会免费发放许可。这里存在着企业福利的巨大风险。

从理论上讲，碳税在理论上不如限额与交易那么好，它为每个人减少碳排放提供了一种直截了当的固定价格激励。好处是收入流向政府，这意味着收入可以在社会各地分配，以帮助顺利引入该种税收。当然，它也面临着问题——没人愿意缴纳新税。

碳税反对者表示，这将扼杀我们的能源密集型经济。这是真的吗？早期证据显示并非如此。很多国家和州已经开始征收碳税，排放交易计划也是如此。瑞典的碳税高达惊人的每吨 114 欧元，但它确实奏效了。沃尔沃在中国开设了一家碳中和制造厂。瑞典的碳排放量比 1990 年的水平低 26%，它是欧洲人均 GDP 最高的国家之一。

## 交易游戏

几十年来，碳政策从无到有，发展非常快。可以说，这个故事始于 1989 年的七国集团（G7）峰会，七个强大的经济体呼吁对可能导致未来气候变化的二氧化碳和其他温室气体的过度排放采取行动。

接着，1992 年，在巴西里约热内卢举行的联合国会议制定了《联合国气候变化框架公约》（United Nations Framework Convention on Climate Change）。该公约至今仍有效，影响力惊人。这并不是因为它对各国设定了一些乏味、不具约束力的碳排放限制，而是因为它涉及了很多后续会议。1997 年，在日本京都的北郊深处举行的一次会议上通过了《京都议定书》（Kyoto Protocol），该议定书被广泛认为是各国应对气候变化迈出的第一步。

《京都议定书》使各国达成一致：到 2008 年将排放量降至 1990 年水平以下 5%。各国可以自由决定解决办法。一种选择是为其他地区产生的信贷买单，这是我们看到的第一个有关限额与交易走向失败的例子。

根据《京都议定书》，一个庞大而独特的排放交易机制被建立起来。清洁发展机制（Clean Development Mechanism, CDM）允许富裕国家通过资助发展中国家的项目来购买碳排放许可（"碳补偿"）。它创造了一些伟大的项目，比如在印度植树。但最终，它在绝望中被放弃了。

碳补偿的问题始于概念的层面。补偿需要支付人们做或不做事情的费用。但无论如何，这些事情都有可能发生。想象一下，我想付钱让人们不要砍伐树木。假设你拥有很多树，但你没有计划砍伐它们。你可能会假装你打算砍掉它们，以要求得到付款。当然，负责计划执行的人要求你提供证据。但如果你有几个顾问为你出谋划策，并展示他们优秀的PPT技能，那么证据很容易就有了。

当你激励人们以他们原本不会采取的方式行动时，你就为一大堆谎言创造了一种激励，这些谎言将满天飞。否则你永远不知道会发生什么（准确的反事实场景仍然是世界上最难以捉摸的东西之一）。

不出所料，清洁发展机制下的碳补偿市场很快就出现了腐败。最令人发指的碳减排丑闻之一发生在俄罗斯城市基洛夫。基洛夫就在喀山附近，这里靠近大片的西伯利亚森林。

在基洛夫，有一家生产制冷剂的工厂，现在由一家名为Halopolymer的公司拥有。2012年，这家工厂开始走下坡路，并开始做一些相当卑鄙的事情。

制冷剂的制造过程会产生大量的温室气体，其中一种特别的副产品名为三氟甲烷（HFC-23）。这种氢氟碳化合物体积虽小，但威力巨大。在重量相等的情况下，HFC-23的威力是二氧化碳的11700倍。收集一吨二氧化碳对减少温室气体排放总量极为重要。基洛夫的这家工厂生产了大量的三氟甲烷，但通过引入一个相当简单的焚烧炉就可以中和这些有害分子。Halopolymer公司通过这样做获得了一定的利益。

问题是三氟甲烷的产量突然上升。2015年，写给《自然气候变化》（*Nature Climate Change*）杂志的一封信指出，该工厂的运营商一旦可以通过产生更多的废气获得利益，就会把废气排放量提高到前所未有的水平。科学家们公布了该工厂三氟甲烷产量的图表，结果充分表明，当它们能够获得额外的利益时，三氟甲烷的产量达到了惊人的顶峰。重要的是，这些峰值并不是由制冷剂实际产量的增加引起的。

基洛夫的这家工厂并不是俄罗斯唯一一家采用这种方法的工厂。利用这一系统的动机很强，即价值数百万欧元的收益，而技术上的挑战微不足道。

清洁发展机制并不是唯一一个陷入困境的碳交易系统。欧盟自己的碳交易体系也有丑闻，尽管目前它还仍然存在。衡量其失败的一个指标是目前的碳价格——远低于每吨 1 欧元。可悲的是，现在很少有人把这个体系当回事。

自愿碳补偿的市场甚至更加不明朗。自愿碳补偿是指可以在受监管的交易机制之外购买信用额度，以声称某项活动是碳中和的。一个著名的例子是一个名为梵蒂冈森林（the Vatican Forest）的项目。2007 年，一家碳排放许可供应商给了梵蒂冈很多碳排放额度，以使梵蒂冈实现碳中和。匈牙利的土地被划为森林，以支持这些额度，但这些土地上从来没有种过树。空置的土地象征着整个碳交易的前景：它看起来很有希望，但很难以你想要的方式让激励机制得到发展。

澳大利亚短暂的碳税旨在最终转变为排放交易计划。从 2012 年 7 月 1 日到 2014 年 7 月 1 日，澳大利亚征收了 730 天的碳税。总体而言，尽管澳大利亚的经济和人口都在增长，但碳排放量基本稳定在每三个月 1.3 亿吨左右。2013 年的选举产生了新政府，新政府从 2014 年开始废除了这项税收。此后，碳排放量再次增长到每三个月 1.34 亿吨左右。这项税收在向限额与交易过渡之前就已经结束了，可能避免了一些灾难。

本书虽倡导采取激励机制把事情做好，但这也与激励机制的复杂性和风险有关。激励机制很少会像你想的那样奏效，你必须不断改变规则才能得到你想要的结果。就像任何使用激励机制的人一样，管理碳市场的人也需要高度警惕。

第 13 章 气候变化

## 风险

我们可能不得不承认，在全球碳交易方面，我们遭遇了部分和暂时的失败。在广泛的碳交易下产生的这些不当激励目前可能过于复杂，难以控制。它们似乎的确会在某些情况下发挥作用，比如在北欧那些监管良好、高信任度的社会中，仅限于一定规模和范围的交易。除此之外，风险还会急剧增加。

但我们应该继续尝试碳交易，因为它有巨大的潜力，而我们只需要小心行事。政界人士如果考虑激励（不管是有意的还是偶然的）以外的事情，都会失败。

碳税在理论上没有限额与交易那样简明简洁，在经济上也不如限额与交易那样有效，但它要简单得多，而且利益相关方为寻求优势而削弱彼此力量的情况也少得多。碳税可能是一种很好的方式，可以在没有大规模丑闻、浪费和最终环境灾难的情况下向前迈进。

尽管碳交易极其复杂，但征收碳排放税并非毫无困难。从本质上说，为碳排放付出努力并不是没有代价的。那些受到影响的人（包括实力雄厚的公司）可以团结起来，共同抗争。任何准备开征碳税的政治家都需要勇敢无畏。激励的殿堂里有宝藏，但通往它的道路上满是那些在你之前尝试过的人的尸骨。

抵制这种变化的不仅仅有强大的盈利实体，碳税还有可能影响到每一个普通人，人们都不喜欢看到激励机制在发生变化。在澳大利亚，碳税之争与大约六位总理的政治生涯过早结束同时发生。在美国，这个问题也是一个政治火药桶。法国曾爆发了一场名为黄背心（the Gilets Jaunes）的抗议运动，民众焚烧东西，就像 1789 年一样，这次是表达他们对碳税的愤怒。

香榭丽舍大街上空的浓烟应该是在提醒我们，改变激励机制的后果很严重。激励机制是我们文化和制度的一部分，改变它意味着改变我们的文化和制度。想想法国所有的自行车道和标志，它们是在一种不同的激励机制下设置的，一种鼓

# 如何让你的努力获得更好的回报：激励的惊人力量
Incentivology: The Forces That Explain Tremendous Success and Spectacular Failure

励驾驶的激励机制。如果法国总理埃马纽埃尔·马克龙（Emmanuel Macron）改变了购买燃料的激励机制，他就会将这些道路和标志变得更难用、更昂贵，当然人们也会更愤怒。

但我们也可以找到抱有希望的理由。激励机制的设计不仅可以使政策发生变化，而且可以帮助人们接受。有时候，一勺糖就能帮你把药吃下去。一个名为气候领导委员会（the Climate Leadership Council）的非营利组织提出了一个直接向公民发放糖碳红利的想法。据估算，在澳大利亚，每个成年人每年可获得1300澳元的红利，你可以凭借公民身份收到它们。我喜欢这个主意。澳大利亚用了类似的甜头来润滑失败的碳税，但它被伪装起来，分散在税收和支出项目中，很难被注意到。相比之下，你银行账户中的丰厚红利很有用了。

## 如果激励机制起作用了呢

为什么对气候变化采取行动是低风险的选择？不是因为全球市场疲软，而是因为市场表现强劲。在我看来，关于碳税将破坏全球经济的说法似乎是荒谬的。提出这些主张的人参与过市场经济吗？这是有史以来人类发明的最强大的机器，用来找出解决方案并将其付诸实践。

一旦适当的激励机制到位，人类的创造力就会发挥作用。我们可能会发现，我们在某些地方可以很容易地节约能源。例如，燃油经济性已经从每100千米10升逐步提高至不到8升，并且在混合动力汽车上实现了一个大飞跃，其中有些混合动力汽车每100千米耗油量不到4升。在其他地方，我们将能够在不排放碳的情况下创造能源，太阳能只是其中一个选择。有了正确的激励机制，这些选择将开始变得显而易见。随着联合国在气候政策上发生争论，可再生能源和储能的价格可能会急剧下降，从而成为经济上一个更好的选择，低于新燃煤电厂的价格。在很多国家，它们的价格已经非常接近。即使没有政策，这也将帮助我们朝着避免气候变化的方向迈出一大步。

如果激励机制有助于创造出一种解决方案，使我们能够以较低的成本减少碳排放，那么其他很多传统经济活动可能会继续下去，似乎不会受到影响。例如，如果一些人认为通过支持碳税可以实现广泛的变革，并创造一个没有消费主义的环境，那么这样的解决方案可能会令他们失望。

虽然结束消费主义是一个值得追求的目标，但有很多问题需要解决。我相当怀疑，在一个碳中和的世界里，仍然会有大量的 SUV 在麦当劳的"得来速"餐厅里穿梭，城市里到处都是高楼大厦，几乎没什么不同之处：SUV 靠电池驱动，巨无霸是用人造肉做的，这些高楼大厦有隔热层和太阳能电池板。这些都不是有意的选择，只是显而易见的选择。这是激励机制推动每个人去做的事。

要求人们改变生活方式比单纯地改变激励机制，以便大多数相同的活动都能继续进行，同时减少有害的副作用要困难得多。我认为我们仍然会在看起来很相似的商店中购物，住在感觉相似的房子里，并以相同的方式驾驶汽车。这样的未来是可怕的还是胜利的？我称之为胜利。这虽然无法表明碳定价失败了，但是它已经发挥了很好的几乎看不见的作用。这将表明，价格激励机制就像一把手术刀，碳价格有助于解决全球经济的碳强度问题，而不会干扰其他一切。对任何希望下一代及其后代都能看到大堡礁的人而言，这是一个充满希望的愿景。

在我写这本书的时候，澳大利亚正在经历一场热浪，大部分地区的气温都接近 50℃。这造成了停电，我所在的墨尔本地区的所有房屋都断电了。在一年中最热的一天，风扇一动也不动，空调也没有声音，我躺在没有窗户的走廊的地板上避暑，狗躺在我旁边气喘吁吁。在我躲避酷热、澳大利亚全国大部分地区都创下高温纪录的时候，不采取行动应对气候变化有很大的风险。

从长远来看，我对激励的力量和市场的力量持乐观态度。相信市场的人应该是气候行动的拥护者，价格激励的力量可以帮助我们解决这样的问题，并且能有

# 如何让你的努力获得更好的回报：激励的惊人力量
Incentivology: The Forces That Explain Tremendous Success and Spectacular Failure

效地解决问题。如果我们放松价格激励，不受规模回报递减影响的碳排放活动的替代品最终可能会变得相当便宜，全球碳价格可能会低得惊人。毕竟，一个好的激励机制并不一定要非常成功才能产生巨大的整体效应。

# 第 14 章

# 埃莉诺·奥斯特罗姆的贡献

每一本书的结尾都需要一个英雄出现来挽救局面。拯救我们的英雄不是《饥饿游戏》中的凯特尼斯·伊夫狄恩，而是一位谦虚礼貌的加州女士埃莉诺·奥斯特罗姆（Elinor Ostrom），她教给了我们一些关于激励的知识。

奥斯特罗姆 1933 年出生于大萧条时期的洛杉矶。她的父亲在她出生不久之后就离开了。她的家里很穷。她的母亲是一位音乐家，非常重视种菜，而不重视大学教育。但奥斯特罗姆是一个非常有能力的学生。由于地理上的特殊原因，她就读于一所全是富家子弟的高中——比佛利山高中。她在学校表现很好，毕业后，她觉得没有理由不去做她所有同学都在做的事情，所以她申请了大学，尽管她的母亲不支持她这么做。

1951 年，奥斯特罗姆被加州大学洛杉矶分校录取。作为一名学生，她做了很多工作来养活自己。我敢肯定，走进洛杉矶小商品店的人都不会想到，站在柜台后面的这个 19 岁的年轻人会成为未来的诺贝尔经济学奖得主。

奥斯特罗姆在大学期间表现出色，她毕业时，美国经济已经从大萧条中复苏，并在第二次世界大战后蓬勃发展。但 20 世纪 50 年代，并不是每个人都能在洛杉矶的就业市场中找到机会。奥斯特罗姆说："当未来的雇主一上来就问我是否会打字和速记时，我感到有些震惊，我当时认为，适合女性的工作是秘书或教师。"

## 如何让你的努力获得更好的回报：激励的惊人力量
Incentivology: The Forces That Explain Tremendous Success and Spectacular Failure

奥斯特罗姆最终在一家大型出口公司找到了工作，做打字和速记等工作。但她很清楚，这些并不是她能力的极限。在工作了几年之后，她尝试重新回到学术界，最终她申请了经济学博士学位。

加州大学洛杉矶分校的经济系拒绝了她，因为教育体系曾经不鼓励年轻女生学习高等数学。尽管如此，奥斯特罗姆还是坚持了下来，她转而攻读政治学博士学位。即使在这个专业中，年轻女性的胜算也不大。在她班上的40名博士生中，有37名是男性。她说："在开始我们的课程后，有人告诉我们，教员们开了一次会，他们在会上批评了录取女性的决定。"

很明显，人们认为博士研究生的最终职业生涯会反映出学校的情况，而且因为女性的职业显然不会那么令人印象深刻，录取她们来学习这门课程会让加州大学洛杉矶分校看起来很糟糕。这是一种自我延续的激励机制。

当时，加州大学洛杉矶分校的政治科学系正在积极研究加州的用水管理方式。奥斯特罗姆参与了这项研究工作，因此开始了一段探索之旅，最终她从瑞典国王手中接过了一枚金奖章。

奥斯特罗姆的获奖研究是关于可能发展为"公地的悲剧"的情况：一些脆弱的公共资源被过度使用，直到对所有人来说这种资源被破坏。例如，加州的水资源。

南加州每年降雨量很少，太平洋的水也不太适合饮用，所以最大的水源是地下水。洛杉矶地下岩石中蕴藏着大量的水，它不属于任何人，任何人都可以通过抽水或挖井获得。这是上演公地的悲剧的完美背景因素。人们可以把水库抽干，直到干涸，但没有人愿意停下。

我在本书中之所以提到奥斯特罗姆并不是因为她证实了一个公认的经济学格言，即我们人类很容易陷入这样的困境。恰恰相反，她花了几十年的时间来寻找管理这些情况的激励机制。奥斯特罗姆没有受到现有范式的束缚，她有自己的想法。

# 第 14 章　埃莉诺·奥斯特罗姆的贡献

## 平民的胜利

从水文学角度讲，奥斯特罗姆经历了加州历史上一段非常激动人心的时期。加州迅速发展，到了 20 世纪 40 年代，那里的水资源因为被无情地开采而发生了退化，每个月都有数百万升水从地下含水层中被抽出。随着淡水水位的下降，太平洋的海水开始流入。海水入侵可能会永久性地破坏宝贵的淡水储量。

但正如奥斯特罗姆所观察到的那样，这种情况发生了变化。用水者团结在一起，他们自行组成了委员会。他们调查了情况，并达成了协议。他们制订并实施了规则和制度，并都开始从地下含水层取水。水位停止下降，并开始回升到自然水位。

经济学有两个非常简单的模型可以用来解释人类行为。第一个是公地的悲剧，第二个是囚徒困境。我们来介绍囚徒困境。想象一下，有两个一起犯下严重罪行的囚犯，现在正在单独接受审问。他们都知道对方正面临坦白的压力。如果一个罪犯认罪，那么另一个不认罪将是一个糟糕的选择，因为他们会受到惩罚，而他们都认罪将会得到宽大处理。两名囚犯不仅知道激励机制，而且他们知道彼此都面临着同样的激励机制。大多数版本的囚徒困境都表明，两个囚犯最终都认罪了。

这两个模型都是博弈论的例子（博弈论研究的是人们在战略情景下如何互动），它们都对人们的协调能力持悲观态度。

奥斯特罗姆意识到，两个模型都没有描述加州的情况。公地的悲剧认为，这种情况最终会导致资源被破坏，但加州的含水层得救了。奥斯特罗姆发现了经济学的一个盲点。

部分问题在于人们过度依赖简单的模型。奥斯特罗姆非常怀疑任何不费吹灰之力就能适应各种情况的模型。她说："完全依赖模型为政策分析提供基础的智力陷阱是，学者们假定自己是无所不知的观察者，能够通过对这些系统的某些方

# 如何让你的努力获得更好的回报：激励的惊人力量
Incentivology: The Forces That Explain Tremendous Success and Spectacular Failure

面进行程式化的描述来理解复杂动态系统如何运行的本质。"

当然，相信一个人拥有无所不知的能力是任何智力追求中最大的风险。因为一旦你认为你看清了一切，你就不会再看了。如果你确信公地容易发生悲剧，那么你可能看不到你眼前正在发生的事情。

奥斯特罗姆特别不喜欢囚徒困境。她写道，只要人们被视为囚犯，政策处方就会解决这一隐喻。她的见解是，我们不仅可能成为激励的受害者，而且可能成为激励的始作俑者。这不仅仅意味着人们可以通过革命获得新的开始，奥斯特罗姆转而描述了人们如何在现有系统中制定激励机制。

我们知道，政府可以制定新的激励机制，企业家和企业主可以制定激励机制。奥斯特罗姆描述了一些建立和维护激励机制（通常是没有法律效力的制度）并同意遵守这些机制的团体。

她的想法与很多方面相关。你可能会发现自己是 Facebook 上一个邻里小组的一员，该小组制定了更好地管理当地停车情况的规则。或者你可能是社区委员会的一员，委员会制定了维护和管理公共花园的规则。也许你参与了一个在线社区，这个社区试图建立激励机制，以创建并维护一个巨大的公共资源（如维基百科）。

所有这些都是奥斯特罗姆原则在实践中显而易见的例子，我们也可以在全球范围内应用它们。毕竟，在全球层面上，既没有单一的公司结构，也没有单一的政府，还有很多非常紧迫的激励问题需要解决。

奥斯特罗姆研究的内容包含了一些非常鼓舞人心的激励机制。我最喜欢的是关于菲律宾贫穷农民的例子。他们面临的最大问题是水。他们需要水来种植农作物，并依靠灌溉渠把水引到他们的土地上。灌溉需要很强的自制力，因为灌溉渠是一条单行道：水从顶部流入，向下流动时被抽出。上游的农民必须眼睁睁地看着水流过他们的土地，因为下游的农民会用这些水。这就是一个巨大且始终存在的风险，即上游的农民将获得比分配到的更多的水，而下游的农民却得不到任何水。

解决方案很棒：菲律宾农民将土地分割，每个人都在上游耕种一些土地，在中游耕种一些土地，在下游耕种一些土地。最末端的那块土地属于最年长的农民，他们的工作就是管理灌溉渠。如果上游的每个人抽的水都比他们应该抽的多，就会被其他人发现。通过这种方式，农民建立了自己的激励机制，他们都获得了足够的水来种植赖以生存的农作物。这个系统有简约之美。

这种机制不是由一家公司实施的，也不是由政府实施的，它是由一群人建立起来的。灌溉渠是一种公共资源的经典例子，它可能成为公地的悲剧——如果每个人都取了太多的水，就没有水留给别人了。依赖资源的人认识到了这个问题，并自己想出了解决问题的方法。

奥斯特罗姆注意到，主流经济学并没有试图解释这一现象。

为什么经济学看不到人们可以改变规则呢？或许这与经济模型的运作方式有关。现有的模型向经济学家展示了人们在某些情况下的反应。例如，如果价格上涨，那么人们会做出什么反应。但是模型中的人永远不会摆弄模型，摆弄模型是经济学家的工作。经济学家可能会被哄骗，以为在现实世界中，只有外部动力才能改变局面。

经济模型喜欢区分变化的东西（"内生因素"）和固定的东西（"外生因素"）。这对于简化分析是必不可少的。但在现实世界中，没有什么是永恒不变的，一切都是内生的，甚至管理某些情况的规则也是如此。

## 游戏包括元游戏

想象一下，如果填字游戏的规则之一是，只要每个人都同意，你就可以在每次游戏中改变一次填字游戏的规则，这就是现实世界出现的那种情况。有时，面

## 如何让你的努力获得更好的回报：激励的惊人力量
Incentivology: The Forces That Explain Tremendous Success and Spectacular Failure

对激励机制的人们有可能团结起来调整它们，甚至完全颠覆它们。他们可以通过既定的民主进程或革命做到这一点。但正如奥斯特罗姆所表述的，这往往是不必要的，而且许多公地的胜利都是在没有正式民主因素的时代和地方取得的。

奥斯特罗姆观察到，聚集在加州三大流域周围的团体使用了三种相似但又不同的方法，成功地控制了水资源开发情况。有三次，她看到公地的悲剧变成了胜利，所以她去寻找其他这样的例子。她在菲律宾知道了灌溉渠的例子，而且一直保持着关注。

她发现瑞士的村庄有严格的防止开发高山草甸的规则。日本的一些村庄通过一套完整的规则体系来防止人们开发当地的森林，其中包括骑马的巡护员和必须支付的罚款。

这不是正常的经济学研究。也许，没有学习所有的数学理论使奥斯特罗姆摆脱了这门学科的束缚。她意识到，大多数被引用的经济学研究都来自经济学学科内部，但它们忽视了实际应用。相反，她花了数年时间深入研究了来自世界各地的各种案例。她在研究了农村社会学、人类学、历史学、经济学、政治学、林业、灌溉社会学和人类生态学后意识到，自己发现了一座金矿。

奥斯特罗姆在1989年出版的开创性著作《公共事务的治理之道》（*Governing the Commons*）中，对宗教激进主义者的态度格外严苛。她喜欢引用那些坚持给出明确答案的学术理论家的话，比如"解决X问题的唯一方法是分配私有产权"，然后立即用一群人在没有正式产权的情况下联合起来解决X问题的描述来证明他们是错的。她真正喜欢的一件事可能是引用那些坚持认为"解决Y问题的唯一方法是政府干预"的理论家的话，并揭穿他们。

奥斯特罗姆的强大之处在于她对灰色地带的热爱，她最喜欢的一句话是"视情况而定"，而她的敌人是困扰经济学领域两端的宗教激进主义意识形态。宗教激进主义假装很有洞察力，但实际上，它是智力上的弱点。在一系列情况下只应用一种规则，就等于承认自己无法把握环境的变化，也不愿意主动去尝试。任何

第 14 章　埃莉诺·奥斯特罗姆的贡献

想法或理论的有用性都取决于在某些情况，而不是其他情况下会出现的世界的特征。当人们缺乏好奇心或不具备辨别这些特征的能力时，他们就会回归宗教激进主义。

理解激励与宗教激进主义无关；相反，它关于怀疑、随机应变地思考、"如果/那么"、蒙混过关和修修补补。它关于只有当做出一个决定是绝对必要的时候才下定决心，然后立即接受关于这个决定是对还是错的信息。激励需要对细节的关注和热爱，它们不允许太多的宗教激进主义，因为要想控制它们，你就需要不断地发现它们可以被利用的新方法。

## 菜园和灌溉

植物学和重力是敌人。植物需要水才能生长，而重力意味着水只会向下流。如果不是这些令人讨厌的条件，灌溉甚至是不必要的。然而，它对世界干旱地区的生活至关重要，因此，农民必须投入时间和金钱来维护灌溉系统。

菲律宾马尼拉以北 500 千米处有一个由九个灌溉系统组成的联盟，该联盟依靠一座大坝灌溉农田。这座大坝每年至少被冲毁一次，有时甚至更多次。

奥斯特罗姆这样描述了重建过程：

> 重建工作需要大约一周的时间，如果天气不好就需要更长时间。这项工作需要数百人参与。每个小队负责带来建筑材料，并提供工作团队（以及厨师和食物）。在花了一天时间准备了香蕉和竹席后，工作小队乘坐小船，面对河水的漩涡，开始敲打大坝地基的柱子。

这里有一个明显的危险，但我说的不是漩涡。从博弈论的角度来看，最好的策略是让使用其他灌溉渠的农民在你耕种自家田地时建造大坝。这些人非常贫穷，他们当然不能轻易放弃多耕作一周的收成。然而，大坝重建的参与率达到了

179

94%。这是为什么呢？

很简单——对缺席者处以罚款。这种惩罚非常有效，因为犯错的人不需要被追捕。这根本不是一种复杂的惩罚，每个人都可以观察到你是否来帮助修建大坝。

修建大坝需要大量的无偿工作，这还没有提到运河上必须进行的维护。总的来说，联盟成员每人每年平均需要为公共事业贡献 39 天的时间。

农民的负担很重，需要如此多的农民的激励机制看起来可能很脆弱，但是联盟小组存在了很长一段时间。现代水资源专家对它们进行了评估，发现它们没有达到用水效率的最高标准，但工程问题并不是它们优化解决的主要问题。事实证明，灌溉系统的重要之处不在于水闸背后的工程和蒸发率的数学计算。与激励机制相比，水文问题是小菜一碟。

## 使徒门外的每个周四

瓦伦西亚水法庭（Water Tribunal of Valencia）成立已久，实际上没有人知道它是什么时候成立的。有人认为，它可以追溯到 1000 多年前的西班牙摩尔人时期。

该法庭由八名农民组成，他们是该地区其他农民选出的。他们每周四在瓦伦西亚大教堂的使徒门外集会。他们可以在教堂外见面，因为瓦伦西亚很少下雨，这也是法庭如此重要的原因。每个农民都来自一个单独的灌溉渠道，在那里，他们和一些专门的工作人员负责执行规则。在法庭上，他们代表着居住在灌溉渠沿岸的 1000 多名农民。

八位农民身着黑袍，拉起一圈椅子。正午时分，当教堂钟塔上的钟声敲响时，他们开始研究瓦伦西亚炎热干燥平原上的灌溉问题，而且他们没有请律师。

这个法庭不是官方的，但它可以审理案件并做出罚款决定。它还充当着一个小小的代表机构的角色——制定规则，有时还向马德里请愿。

该法庭是激励机制中至关重要的推动部分，它化解了一场潜在的灾难——如果水资源分配不当，那么这场公地的悲剧可能就会让西班牙东部地区一半的人挨饿。这个法庭在摩尔人、君主制和法西斯主义对西班牙的控制下一直存在，在黑死病、西班牙流感和内战中幸存下来，尽管经历了工业革命和欧盟的诞生，它仍然存在。

如果你去瓦伦西亚，你可以去旁听，但要注意的是，诉讼是用瓦伦西亚方言进行的。即使你会说西班牙语，也很难理解发生了什么，它没有书面记录。这样的制度听起来可能为腐败创造了机会，但它的长期存在却表明事实并非如此。

这个法庭的长期存在并不是西班牙人成功地在该地区居住了这么长时间的一个副作用，也不是一个有趣的怪癖，这是他们这样做的原因之一。如果没有适当的水管理系统，农业就会面临困难，冲突就会出现。这种激励机制——它所执行的规则和惩罚——正在发挥作用。它已经工作了很长时间。

法院并不是这些系统的唯一特征。这些系统从一开始就被精心设计，其特点决定了参与者的动机，以便只获得适量的水，即使这会损害他们的作物。

该系统的一个关键特征是，农民的行为相对容易被其他农民看到。这些农场很小，很多都不到一公顷。通常情况下，农民会站在田地边，等时机成熟时打开闸门，让水流入他们的田地。在那一刻，他们经常可以看到隔壁的农民站在他的地里，如果他没有及时关上闸门停水，就会马上被看出来。

这一层监控是由小农场提供的一种意外结构，但这意味着即使法院对偷水行为的罚款很少，偷水行为也不太可能获利。人们有强烈的动机不让取水超过允许的量。

高水平的监督对于实施惩罚至关重要。如果你逃避监督的可能性很小，那罚

# 如何让你的努力获得更好的回报：激励的惊人力量
Incentivology: The Forces That Explain Tremendous Success and Spectacular Failure

款也不会很多。当高水平的监督可以由其他利益相关方无偿提供时，你就有了一个运行成本低、很有可能自我维持的系统。

该法庭并不是该地区唯一的此类法庭。在附近的穆尔西亚，菜园（农业区）依赖于智者委员会，该委员会的工作方式与瓦伦西亚水法庭类似。阿利坎特（Alicante）和奥里韦拉（Orihuela）也有采用类似规则和结构的果园。

这些系统向我们展示了激励机制在适当组合的情况下多么成功。当系统中的每一层监视另一层时，系统通常运行良好，每个人都能对另一个人负责。透明度至关重要，这是果园和灌溉渠的一个关键特征，也是几个世纪以来人们能够将悲剧转化为胜利的原因。

重要的是，奥斯特罗姆还列出了那些失败的系统，如一个未能自行解决问题的加州盆地、几乎不起作用的斯里兰卡灌溉系统，以及一个崩溃的斯里兰卡渔村……这些失败的系统的共同之处在于过度集权。政府不是将权力下放到底层，不是从下至上而是从上至下地行使权力，这可能会打破微妙的地方平衡，或者制定不符合当地情况的规则。

如果你处于自上而下的激励机制中，而这种机制并不起作用时，奥斯特罗姆的建议是不要放弃。她说，你有可能获得成功。我们可以通过密切关注激励机制的设计来跳过我们面临的陷阱。她将一个好的系统描述为一个能够"发挥人类最好的一面"的系统。

这就是激励的目的。人类能够欢欣鼓舞地展示自己的才华，天才会闪现，我们会坚持不懈地展示自我控制能力。但现实并非总是如此。人类的智慧可能会受到阻碍。作为一个群体，我们可以表现得不那么完美。人类最好的行为往往需要用正确的激励机制来激励。

# 后　记

## 停在空中的那个球

还记得我父亲扔到空中的那个球吗？这是一个很好的比喻，可以比喻我们周围可能发生的一切，以及我们在家庭、工作和更广泛的社会中面临的各种各样的问题。那个负责接球的倒霉小男孩呢？他代表了所有努力去做正确的事但经常会失败的人。

当我们看到世界的现状时，绝望是可以理解的，但我希望本书能成为一剂解药。我们不需要简单地期待那个有隐喻意义的球会落到草地上，如果是这样，我们也不应该恶意责怪，而可以相信会有更好的结果。

从前往澳大利亚的罪犯到 Kaggle 公司的程序员，每个故事都表明，我们可以决定事情的发生，无论是好是坏。通常情况下，我们可以控制它们。只要我们了解了激励机制，我们的努力就会获得更好的回报。

正如我们所知，激励都是关于天真的想法和玩世不恭的行为的。通过理解奖励和惩罚以及它们的力量，我们会变得更天真、更理想主义。一旦我们获得了这种力量，我们就有了对可能的结果进行更多想象的空间。

### 如何让你的努力获得更好的回报：激励的惊人力量
Incentivology: The Forces That Explain Tremendous Success and Spectacular Failure

把天真和玩世不恭结合在一起听起来可能很奇怪。如果这个世界的发展方式是由激励机制决定的，那为什么还要理想主义呢？

识别偶然的激励的全部意义在于强调"命运"在多大程度上是由我们掌控之中的激励机制的副作用形成的。"是什么"和"必须是什么"是不一样的。

把我们的天真和玩世不恭按正确的顺序进行排列是至关重要的。如果我们对改变的可能性持怀疑态度，对如何实现改变却很天真，那我们就把一切都搞反了。我们将在绝望和注定要改变行为的、不切实际的行为之间摇摆不定。

想象一下，我给自己买了一本健康饮食食谱，但没有让我的生活发生其他改变。食谱根本没有改变我的想法和动机，过不了多久，我就会窝在沙发上狼吞虎咽地吃薯片。但听天由命是完全没有必要的，我需要对可能发生的事情抱有更多的希望（比如拥有六块腹肌），并对如何使这种可能性成为现实抱有更多的怀疑（比如，如果体重没有下降，那我可能就为我不相信的事业捐了款）。

无论你是管理一个团队、投资加密货币，还是投票支持应对气候变化的计划都是如此。每个聪明人或许都能找到解决问题的办法，但不要指望每个人都会想出更好的方法，并使用这些方法。如果人们没有自发地按照你的意愿行事，请你不要绝望。你要相信，通过正确地应用激励，你一定能获得更好的结果。而且你要记住，正确的激励机制可能会随着时间的推移而发生改变。

如果你正在负责设计一种激励机制，那就做好调整再调整、评估再评估的准备。如果你正受到激励机制的约束，这同样适用，但你可能会面临更大的挑战，尽管这些挑战并非不可战胜。

相信激励的力量并不意味着要对激励发挥作用的过程采取一种温和的态度。恰恰相反，我们需要有强烈的自我怀疑和批判的精神，以防止这些激励机制被利用，沦为不受人们欢迎的东西。无论你是在驯狗还是在分析证据，为了防止出现问题，你都需要严格监控和快速做出反应。

我写这本书的目的不仅仅是让你深入了解激励机制，还希望帮助你提高你的能力和信心，让你有自己的见解。了解激励机制会赋予你一项超能力：一个可以帮助你更清楚地看待世界运作方式的理论框架。激励机制并不能解释一切，也不是人类行为中唯一有效的系统，但这个框架可以让你更好地预测人们将如何行动。不久之后，你就会开始意识到，在你所看到的每一个地方，激励——无论是偶然的、不当的、失败的、成功的、不被注意的，还是藏在眼皮底下的——都在发挥着作用。你将会注意到一系列奇怪的行为方式，并通过追根溯源，最终发现那些奇怪的激励机制，甚至改变它们。

当你看到一个运行良好的系统时，你可以仔细研究它的激励机制并从中学习。当你发现问题时，试着做同样的事情。不要陷入将所有责任都归咎于一个人的陷阱。毕竟，糟糕的科学家是在一个发表糟糕的科学成果的体系中工作的，糟糕的警察是在一个只为其提供晋升机会的系统中工作的。

无论你是公民、投资者、人父、人母、狗的主人、经理，还是只想试图改变自己行为的人，请你牢牢记住，严格掌控激励机制会让你的行为更有效。当你了解了它的力量和局限后，你将更好地使用你的投票、金钱、时间和努力。

如果你能想象出一个更好的场景，你就可以开始用更好的激励机制来设计它。天真一点——相信"你能接住球"，然后用玩世不恭的态度来应对——"如果你能接住球，我就给你一美元"。回报可能是巨大的。

Incentivology: The Forces That Explain Tremendous Success and Spectacular Failure

ISBN: 9781743794999

Copyright © Jason Murphy 2019

Authorized Translation of the Edition Published by Hardie Grant Books.

No part of this publication may be reproduced, stored in a retrieval system or transmitted in any form or by any means, electronic, mechanical photocopying, recording or otherwise without the prior permission of the publisher.

Simplified Chinese rights arranged with Hardie Grant Books through Big Apple Agency, Inc.

Simplified Chinese version © 2023 by China Renmin University Press.

All rights reserved.

本书中文简体字版由 Hardie Grant Books 通过大苹果公司授权中国人民大学出版社在中华人民共和国境内（不包括香港特别行政区、澳门特别行政区和台湾地区）独家出版发行。未经出版者书面许可，不得以任何方式抄袭、复制或节录本书中的任何部分。

版权所有，侵权必究。